MERIAN *live!*

W0172444

Apulien

Nicoletta De Rossi ist freie Journalistin mit Schwerpunkt Italien. Die gebürtige Venezianerin wohnt seit zwölf Jahren in Nürnberg. Mit Apulien verbindet sie eine lange Freundschaft – und nicht zuletzt der Vorname.

 Familientipps

 Diese Unterkünfte haben behindertengerechte Zimmer

 Ziele in der Umgebung

Preise für ein Doppelzimmer mit Frühstück:

€€€€ ab 200 €   €€ ab 60 €
€€€ ab 120 €   € bis 60 €

Preise für ein dreigängiges Menü ohne Getränke:

€€€€ ab 50 €   €€ ab 25 €
€€€ ab 35 €   € bis 25 €

Inhalt

Willkommen in Apulien   4

10 MERIAN-**TopTen**
Höhepunkte, die Sie sich nicht entgehen lassen sollten............. 6

10 MERIAN-**Tipps**
Tipps, die Ihnen die unbekannten Seiten der Region zeigen 8

Zu Gast in Apulien   10

Übernachten 12
Im Fokus – Masserie 14
Essen und Trinken... 16
grüner reisen.. 20
Einkaufen 24
Feste und Events 26
Sport und Strände 28
Familientipps 32

◄ Alberobello (► S. 66) gilt als »Hauptstadt«
der Trulli mit den typischen Kegeldächern.

Gargano und
Tavoliere

Unterwegs in Apulien · 34

Terra di Bari

Brindisi und
Taranto

Salento

Gargano und Tavoliere 36
Terra di Bari 46
Brindisi und Taranto. 62
Salento. 74

Touren und Ausflüge · 82

Unterwegs im Gargano. 84
Im Land Friedrich II. 86
Von Torre Guaceto nach Massafra 88
Von der Adria ans Ionische Meer 90

Wissenswertes über Apulien · 92

Auf einen Blick 94
Geschichte 96
Sprachführer Italienisch. 98
Kulinarisches Lexikon 100
Reisepraktisches von A–Z 102

Kartenlegende 109
Kartenatlas. 110
Kartenregister. 120
Orts- und Sachregister 124
Impressum 128

✴ Karten und Pläne

Süditalien . . . . .Klappe vorne
Bari . . . . .Klappe hinten
Foggia. 39
Brindisi 65
Taranto (Tarent) 71

Lecce. 77
Kartenatlas 109–119

Die Koordinaten im Text verweisen auf die
Karten, z. B. ► S. 110, B 3.

Extra-Karte zum Herausnehmen . . . . Klappe hinten

Willkommen in Apulien. Die süditalienische
Region lockt mit ursprünglicher Natur, uralten Kunstschätzen,
duftenden Spezialitäten und echter Gastfreundschaft.

Wer sich auf den Weg bis zum Stiefelabsatz Italiens macht, wird mit unvergesslichen Emotionen und einmaligen Bildern belohnt – und nicht nur beim ersten Mal! Um die östlichste Region Italiens kennenzulernen, sollte man Zeit mitbringen, denn Apulien ist eine der vielfältigsten Regionen auf der Halbinsel: eine unendlich lange Küste, Lagunen und kleine Seen, karstartige Hochebenen, sanfte Hügel, schattige Wälder und traumhafte Inseln warten nur darauf, entdeckt zu werden.

Egal wohin man sich wendet, die Augen werden vom changierenden Grün und Silber der Olivenbäume und der knorrigen Gestalt ihrer mächtigen Stämme eingefangen, von denen man 50 Mio. hier gezählt hat! Vom Wind gekrümmt, sich an ein Stück Erde über der Felsküste klammernd oder in ordentlichen Reihen auf dem roten Boden wachsend, schenken einem die Bäume das Gefühl, geborgen zu sein, und versetzen einen zurück in uralte Zeiten. So ist es auch kein Zufall, dass in der Heimat des Ölbaumes die monumentalen Olivenbäume sogar durch regionale Gesetze geschützt sind.

Apulien blickt auf eine jahrhundertealte Geschichte: Folgt man den Spuren des Staufers Friedrich II., der sich immer, wenn er unterwegs im Kaiserreich war, nach seinem Apu-

◄ Die belebte Piazza Salandra in Nardò (► S. 90). Nach einem Erdbeben wurde die Stadt im Barockstil wiederaufgebaut.

lien zurücksehnte, überrascht die Fülle beeindruckender mittelalterlicher Schlösser, Burgen und Klöster, die heute noch den apulischen Alltag prägen und Apulien in aller Welt bekannt gemacht haben. Dazu sind hier noch zahlreiche alte und denkwürdige Höhlenkirchen zu finden.

Schmelztiegel der Völker

Dass die Region als Tor zum Orient bezeichnet wird, spürt man auch in ihrer lebendigen Hauptstadt Bari, deren Vergangenheit untrennbar mit der abendländischen Geschichte verbunden ist. Viele Völker besiedelten diese Region – nicht immer friedlich: Davon zeugen unzählige Wachtürme, welche die ganze Küste säumen und vor allem bei Sonnenuntergang ihre Silhouette präsentieren. Ausgrabungen und Resten der altrömischen Kultur begegnet man an vielen Orten, häufig umgeben von Olivenhainen und Weizenfeldern, geschmückt von Mohnblumen.

In Süditalien gründeten griechische Städte die Magna Graecia: Taranto, eine der damals mächtigsten Kolonien, bewahrt heute die wertvollsten Goldschätze aus dieser Epoche. Auf dem Land kann man außerdem noch die viel älteren Dolmen und Megalithen finden, und in dieser Region lebte vor etwa 130 000 Jahren bereits der Urmensch von Altamura.

Die Apulien-Fraktion

Nicht nur Geschichtsliebhaber kommen hier auf ihre Kosten. Als die Region vor ungefähr 15 Jahren im Ausland bekannter wurde, wagte es

jemand sogar, von einer Apulien-Fraktion zu sprechen. Die alten typischen Bauernhäuser der Trulli, die noch vor zwei Jahrzehnten verlassen auf dem Land lagen, und die apulischen Landgüter der Masserie wurden herausgeputzt, um Touristen aufzunehmen. Sogar die Trockenmauern, die seit Jahrhunderten das Bild dieser Gegend bestimmen, wurden restauriert! Für Naturbegeisterte und Freizeitsportler eröffnete sich ein Eldorado im Mittelmeerraum: Naturparks und Naturreservate bieten neben einer fast unberührten Natur viele Sportaktivitäten im Freien und für mehrere Monate im Jahr einen wolkenlosen blauen Himmel. Auch Sonnenhungrige und Wasserratten sind in Apulien am richtigen Ort: Von Mai bis Oktober genießt man das Strandleben bei schönstem Wetter. Und Kunstinteressierte haben die Qual der Wahl – vom Castel del Monte über weltberühmte Kathedralen der apulischen Romanik bis zu Barockstädten wie Lecce.

Kulinarischer Hochgenuss

Bei Tisch erlebt man aber das ursprüngliche Apulien und seine unverwechselbare Esskultur: Es duftet nach warmem Brot, fruchtigem Olivenöl und kräftigen Rotweinen, und es schmeckt nach saftigen Tomaten, handgemachter Pasta und frisch gefangenem Fisch – den typischen Zutaten der mediterranen Kost! In Apulien lernt man lebendige Traditionen und religiöse Sitten kennen, die woanders definitiv der Vergangenheit angehören. Und an den warmen Sommerabenden strömen Jung und Alt auf die Straße, wo man zusammen isst und das Leben genießt – bis tief in die Nacht hinein.

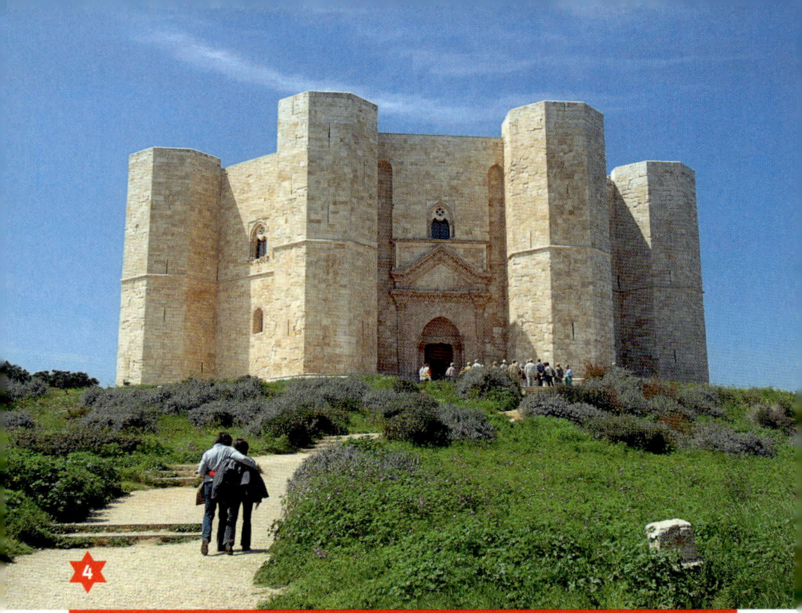

MERIAN-TopTen

MERIAN zeigt Ihnen die Höhepunkte der Region: Das sollten Sie sich bei Ihrem Besuch in Apulien nicht entgehen lassen.

1 Isole Tremiti
Das Tauchparadies am Sporn Italiens übersteigt jede Erwartung – auch durch seine jahrhundertealten Zeugnisse der Geschichte (▸ S. 38).

2 Monte Sant'Angelo
Wo Engel leben: mystischer, beeindruckender Ort der Besinnung, noch heute von Pilgerscharen besucht (▸ S. 43).

3 Bari Vecchia
Im ältesten Viertel der Hauptstadt sind die authentischen Traditionen Apuliens noch lebendig (▸ S. 48, 52).

4 Castel del Monte, Andria
Die geheimnisvolle Burg des Stauferkaisers Friedrich II. – das weltbekannte Symbol und Schmuckstück Apuliens schlechthin (▸ S. 55).

5 Alberobello
Eine ganze Stadt aus Trulli: einst Unterkünfte der Bauern, inzwischen das Wahrzeichen der Region (▸ S. 66).

6 Ostuni
Die »città bianca« (weiße Stadt) auf dem Hügel bezaubert jeden – fast wie eine Fata Morgana (▸ S. 68).

Marta – Museo Nazionale Archeologico di Taranto

Spektakulärer Goldschmuck aus der Magna Graecia – zu bestaunen in der Stadt der zwei Meere (▸ S. 70).

San Nicola, Mottola

Die mit Fresken übersäte byzantinische Höhenkirche konkurriert in ihrer Eleganz mit der Sixtinischen Kapelle in Rom (▸ S. 73).

Santa Croce, Lecce

Schnörkel über Schnörkel: Pracht und Prunk des Barock schmücken diese atemberaubende Basilika aus dem 16. Jh. (▸ S. 75).

Torre Guaceto

Oase am alten Wachturm: ein Naturschutzgebiet und Marinereservat mit einmaligem Panorama (▸ S. 88).

MERIAN-Tipps Mit MERIAN mehr erleben.
Nehmen Sie teil am Leben der Region und entdecken Sie Apulien, wie es nur Einheimische kennen.

 Masseria Torre Coccaro, Savelletri di Fasano
Romantik pur in einer historischen Masseria mit wunderschönem Strand (▸ S. 13).

 Leone de Castris, Salice Salentino
Die Traditionskellerei überzeugt mit hervorragenden apulischen Weinen (▸ S. 18).

 La Bottega dei Fischietti, Alberobello
In Apulien lockt man Fortuna mit Pfiffen an: Wählen Sie hier Ihre Pfeife aus Ton als Glücksbringer (▸ S. 25).

 La Notte della Taranta, im Salento
Genießen Sie drei Wochen lang im August den alten Tanz der Pizzica zum Klang der Tamburelli (▸ S. 27).

 Parco dei Dinosauri, Castellana Grotte
Im Dinosaurierpark erleben »bambini« die Urzeitriesen in Originalgröße (▸ S. 33).

 Orchideen, Mattinata
An den Hängen des Monte Sacro im Gargano findet man die höchste Dichte Europas an wilden Orchideen (▸ S. 42).

 Trabucchi, Vieste
Einzigartige Ausrüstungen zum Fischfang an der Küste des Gargano erlauben einen Blick zurück auf alte Fischereitraditionen (▸ S. 45).

 Grotte di Castellana
Das größte Höhlensystem Italiens fasziniert mit seinen unterirdischen Schätzen – einzigartige Kunstwerke der Natur (▸ S. 57).

 Ristorante Cielo, Ostuni
Ein Michelin-Stern-Restaurant am höchsten Punkt der »weißen Stadt«: für himmlische Genüsse (▸ S. 69).

 Caffè Alvino, Lecce
Die erste Adresse für Naschkatzen, Feinschmecker und Kaffeeliebhaber in der Stadt des Barock – die Krönung für jeden Anlass (▸ S. 78).

Mit dem wendigen Vespacar geht es
durch die engen Gassen auf den Wochenmarkt von Vieste (▶ S. 45) am östlichen
Ende der Halbinsel Gargano.

Zu Gast **in Apulien**

In Apulien stoßen Besucher noch auf das »echte Italien«. Genießen Sie die Spezialitäten der Region, schlendern Sie über die Märkte und nehmen Sie an den traditionellen Festlichkeiten teil!

Übernachten

Übernachten Masserie und Trulli prägen seit Jahrhunderten nicht nur die Landschaft, sondern sind heute auch charmante Unterkunftsmöglichkeiten – mit einer faszinierenden Geschichte und inmitten der Natur.

◄ Stilvoll logiert man in der Masseria Corda di Lana in einem alten Landgut bei Porto Cesareo im Salento (▶ S. 74).

Die italienische Tradition des Badeurlaubs und die großen Distanzen zu Nordeuropa haben deutliche Spuren in Apulien hinterlassen: Bis vor wenigen Jahren waren Hotels, Pensionen und Ferienwohnungen an der Küste konzentriert – und meist nur auf italienische Gäste eingestellt. Mit der Entdeckung des önogastronomischen Tourismus, verbunden mit der Restaurierung zahlreicher traditioneller Gebäude und dem steigenden Interesse am reichen kulturellen Erbe der Region hat sich auch auf dem Land ein großartiges Angebot entwickelt – für alle Ansprüche. Dies hat den Wettbewerb in der Hotellerie angekurbelt, sodass man das Standardniveau von Hotels und B&Bs heute als gut bezeichnen kann: Sie sind sauber, gemütlich, mit freundlichem Personal und reichlichem Frühstück.

Gastfreundlichkeit und Eleganz auf dem Land

Vor allem restaurierte **Trulli** (typische Bauernhäuser mit kegelartigen Dächern) und **Masserie** (traditionelle Gutshöfe ▶ S. 14) bieten einen einzigartigen Aufenthalt. Einige Masserie wurden zu raffinierten Fünf-Sterne-Hotels umgebaut, wie I Luoghi di Pitti (▶ S. 54) oder Torre di Nebbia (▶ S. 86). Alle Masserie haben nicht nur B&B, sondern auch authentisch apulische Küche. Rustikale Masserie werden meist als Agriturismi eingestuft: Dort erlebt man noch ein echtes Leben auf dem Bauernhof. Von der apulischen Bautradition ließen sich aber auch moderne Ho-

| MERIAN-Tipp | |

MASSERIA TORRE COCCARO
▶ S. 116, C 14

Die Masseria aus dem 16. Jh. ist eines der romantischsten Hotels in Italien, ein bezaubernder Ort zum Genießen. Das Fünf-Sterne-Luxushaus wurde zu einem der besten zehn Strandhotels weltweit auserkoren. Zimmer und Suiten sind traumhaft, Privatstrand und Golfplatz Orte exklusiver Entspannung. Hinter der wunderschönen Fassade spürt man jedoch auch, wie die Masseria an der lebendigen Geschichte dieser Gegend teilhat: dank der Düfte von Obst und Gemüse, das in der eigenen Küche verwendet wird, und dank ihrer zentralen Lage in der Region. Savelletri di Fasano, Contrada Coccaro 8 • Tel. 0 80/4 82 93 10 • www.masseriatorrecoccaro.com • 33 Zimmer • €€€

telanlagen mit Top-Ambiente und exklusiven Angeboten, wie etwa Borgo Egnazia (www.borgoegnazia.com) und Borgobianco (▶ S. 59) inspirieren. Für echte Trulli-Fans stehen Trulli-Hotels, wie La Chiusa di Chietri (▶ S. 67), und Trulli als Ferienhäuser (www. trulliidea.com) zur Verfügung. Eine große Auswahl an Unterkünften findet man auch unter www.housetrip.com.

Empfehlenswerte Hotels und andere Unterkünfte finden Sie bei den Orten im Kapitel ▶ Unterwegs in Apulien.

Preise für ein Doppelzimmer mit Frühstück:

| €€€€ ab 200 € | €€ ab 60 € |
| €€€ ab 120 € | € bis 60 € |

Im Fokus

Masserie Versteckt zwischen Bäumen in ländlicher Idylle oder mit Blick auf das Meer: Die Masserie genannten alten Gutshöfe findet man in der gesamten Region Apulien.

Nach den Masserie muss man wirklich suchen. Diese besonderen Bauernhöfe liegen abseits der Hauptstraßen, und manche scheinen sich sogar in der apulischen Landschaft zu verstecken: Wenn man Glück hat, spitzt aus dem umliegenden Meer der Olivenbäume ein Turm hervor und weist den Weg entlang schier endloser Mauern. Je nach Lage unterscheiden sie sich durch ihre Struktur voneinander, die ursprünglich auf die »villae« der Römer zurückgeht. Im Norden sind sie meist riesig und mit Türmen versehen. Hier wurden auch »masserie regie« (»königliche Gutshöfe«) als Stationen für die Postkutschen und als Zoll- und Kontrollposten für die Schafherden gebaut. In den Mur-

gie sind die Masserie niedriger und flacher. Im Süden von Bari und im Umland von Brindisi sind sie blendend weiß, und im Salento besitzen sie sogar ein aristokratisches Flair: Hier findet man heute noch Masserie, wo Pferdezucht betrieben wird.

Als fester Bestandteil der apulischen Landschaft dienten sie früher als Beobachtungsposten und Verteidigungsanlagen. Bei Gefahr verwandelten sie sich in Zufluchtsorte, wo man monatelang überleben konnte. Im Frieden widmete man sich der Viehzucht und dem Anbau von Gemüse, Obst und Oliven – noch heute stellen viele Masserie eigene Produkte her. In den historischen Masserie findet man alte Türme, Höh-

◄ Exklusive Unterkunft: Masseria Torre Coccaro (► MERIAN-Tipp, S. 13).

len, Keller, Familienkapellen, Ölmühlen und Öfen. Seit 2008 wurden etwa 50 Masserie zu didaktischen Zwecken umgestaltet. Sie bieten z. B. Lehrpfade für Kinder und Erwachsene an.

Romantische Zufluchten inmitten der Natur

In einer Masseria lebt man von der Natur umgeben und in die Natur integriert: Hier spielt sich der Alltag um den großen Innenhof herum ab. Einige Masserie sind rustikale »agriturismi« und für ihre traditionelle Küche bekannt. Viele unter den mehr als 2000 Masserie Apuliens sind heute aber auch romantische und charmante Hotels geworden – wahre Orte der Entspannung. Sie verführen die Gäste mit stillvoll eingerichteten Zimmern, handgemachten Accessoires, Düften und Geschmacksnoten der lokalen Küche sowie exklusiven Wellnessangeboten – in einigen Anlagen auch mit Golfplätzen und Unterhaltungsprogramm.

Vittorio Muolo, dessen Familie Inhaber der Masserie Torre Coccaro und Torre Maizza ist, erzählt über dieses Phänomen: »Vor 10 bis 15 Jahren wurden die Masserie in Apulien zum Modetrend. Der Gast schätzt daran das Leben mitten in der Natur, den ländlichen Betrieb mit den anwesenden Tieren sowie den frischen Zutaten der Küche. Er interessiert sich für das Haus des Gutsherrn und dessen Geschichte.« Die Authentizität macht den Unterschied aus, deswegen hat sich Signore Muolo bemüht, die Eleganz, Kultur und Geschichte seiner Masserie zu bewahren. Die Olivenbäume seiner Familie sind immerhin 800 Jahre alt! Die meisten Masserie bieten nicht nur

ihre Gastfreundschaft an, sondern servieren auch besondere Spezialitäten der einheimischen Küche mit frischen lokalen Zutaten und oft aus eigener Produktion – fast immer von echten apulischen Küchenchefs in der apulischen Tradition zubereitet. Auf diese Weise werden die Mahlzeiten, vor allem in kleineren Masserie, zu einem einzigartigen gemeinsamen Erlebnis.

Adressen

Masseria Luco   ► S. 116, C 14

Hier werden Pferde der Rasse Murgese gezüchtet. In der Anlage sind auch eine kleine, mit Fresken bemalte Kapelle und Trulli zu bewundern.
Martina Franca, Contrada Luco, Via Noci • Tel. 3 35/7 02 06 01 • www.masserialuco.it

Masseria Melcarne ► S. 119, D 17

Im historischen Turm aus dem 16. Jh. gibt es ein kleines Museum. Es werden eigene Produkte wie Olivenöl verkauft.
Agro di Surbo, Provinciale Surbo-Torre Rinalda, km 5 • Tel. 03 68/95 83 24 • www.masseriamelcarne.it

Masseria San Domenico
                        ► S. 116, C 14

Die Masseria, zu der 100 ha mit Olivenbäumen und drei Ölmühlen gehören, ist auch wegen des Spa-Bereichs mit Thalassotherapie bekannt.
Savelletri di Fasano • Tel. 0 80/ 4 82 77 69 • www.masseriasan domenico.com

Masseria Cimino (► S. 68)
Masseria I Luoghi di Pitti (► S. 54)
Masseria Lamiola Piccola (► S. 69)
Masseria Sgarrazza (► S. 84)
Masseria Torre Coccaro (► S. 13)
Masseria Torre di Nebbia (► S. 86)
Masseria Torre Maizza (► S. 68)

Essen und Trinken
Einen Triumph der Sinne erleben Sie bei den Mahlzeiten am Stiefelabsatz: frisch zubereitete Nudeln mit Gemüse oder Meeresfrüchten, alles mit extra nativem Olivenöl schmackhaft angerichtet.

◄ Lust auf Deftiges? Wurst und Käse auf dem Wochenmarkt des kleinen Städtchens Locorotondo (▶ S. 68).

Um Apulien wirklich kennenzulernen, muss man sich an einen Tisch setzen und sich seine Spezialitäten schmecken lassen! Bei einem Teller »orecchiette alle cime di rapa«, begleitet von einem Glas guten Primitivo, entdeckt man die wohlschmeckende und vielfältige Küche aus Produkten von Land und Meer. Danach versteht man auch besser das Erscheinungsbild dieser Region: Esskultur gehört zum Alltag jeder apulischen Familie, die durchschnittlich für Lebensmittel 5,5 % mehr als Familien der anderen italienischen Regionen ausgibt.

Land der Feinschmecker

360 000 ha **Olivenhaine** prägen die apulische Landschaft und ergeben 1 Mio. t Oliven im Jahr. Einige werden als Tafeloliven verzehrt, andere werden in Ölmühlen zu »olio extravergine d'oliva«, dem grünen Gold der Region, verarbeitet. Die Hauptstadt des Olivenöls ist Bitonto – nicht weit entfernt produziert die Firma Crudo extra natives Olivenöl mit einer neuen anaeroben Herstellungsmethode (www.crudo.it). Vier Olivenöle rühmen sich derzeit des Siegels DOP: Dauno, Terra di Bari, Collina di Brindisi und Terra d'Otranto. Ob die Olive Ogliarola del Gargano oder die Peranzana aus dem Tavoliere, pur genossen oder als extra natives Öl, man findet sie in allen apulischen Gerichten wieder. Zur typischen Speise gehört hier **Pasta**: Nur aus Hartweizengrieß, Wasser und Salz werden die weltbekannten »orecchiette« hergestellt

---

WUSSTEN SIE, DASS …

… Apulien die italienische Region mit den meisten landwirtschaftlichen Betrieben überhaupt ist? Es gibt insgesamt 275 000 davon!

---

und mit mannigfaltigen Saucen zubereitet, mit »burrata« (Weichkäse) oder geriebenem »cacioricotta« und natürlich mit Olivenöl verfeinert. Nudeln gibt es in jeglicher Form: »fusilli« und »troccoli« eher im Norden, »lasagne« und» maccheroni« mehr im Salento.

Ein weiterer Hauptdarsteller dieser Küche ist die **Tomate**: 1,7 Mio. t werden im Jahr geerntet. Fast in allen Nudelsaucen präsent, schmücken sie ebenso Gemüse- und Salatteller und werden auch getrocknet genossen: »Pomodori secchi« dürfen in keinem apulischen Haushalt fehlen, genauso wie eingelegte Auberginen. Auf den Märkten entdeckt man vielerlei, z.B. anderswo kaum bekannte Sorten von Gemüse und Hülsenfrüchten – angefangen mit Karden und Zichorien, aber auch »lampascioni«, »fave« und »ceci« gehören zur heimischen Kost. Zitrusfrüchte werden vor allem im Gargano geerntet, außerdem in der Provinz Taranto, wo der landwirtschaftliche Betrieb Ciura mit seiner Zitrusfrüchteproduktion den Bedarf für mehrere Monate im Jahr abdeckt (www.aziendaagricolaciura.it).

Die Früchte des Meeres

Der Absatz Italiens ist auch ein Mekka für Fisch- und Muschelliebhaber: »Cozze« werden bei vielen Gerichten verwendet und sind vom Angebot der Restaurants an der Küste nicht mehr wegzudenken: »alla tarantina«, pur, überbacken (»in tortiera«)

oder in Fischsuppen wie der »zuppa di pesce alla gallipolina«. Darüber hinaus werden Kraken, Tintenfische und Meeresfrüchte »crudo« (roh) – noch auf der Straße, im Restaurant und zu Hause – zu sich genommen. Auch Freunde von **Fleischgerichten** kommen nicht zu kurz: Lammfleisch steht auf jeder Speisekarte. Ein sehr verbreiteter Brauch ist das Grillen auf kleinen Holzöfen in den Metzgereien: Lamm-, Ziegen-, Kalbs- oder Schweinefleisch aus lokaler Produktion wird gegrillt und vor Ort gegessen – und unter den Wurstsorten bekommt der Capocollo aus Martina Franca eine spezielle Erwähnung.

MERIAN-Tipp 2

LEONE DE CASTRIS

▶ S. 118, C 17

1943 wurde erstmals der Five Roses als erster italienischer Roséwein aus Negroamaro-Trauben hier abgefüllt. Heute hat sich dieser Wein mit dem intensiven Aroma seinen Platz unter den besten Roséweinen Italiens erkämpft. Leone de Castris, dessen Ursprung auf das Jahr 1665 zurückblickt, befüllt jährlich über 2,5 Mio. Weinflaschen. Berühmt ist dieser Hersteller aus dem Salento auch wegen seines roten Salice Salentino Donna Lisa Riserva mit Kirsch- und Gewürznoten. Feinschmecker sollten unbedingt das Weinmuseum besuchen.
Salice Salentino, Via Senatore de Castris • Tel. 08 32/73 11 12 • www.leonedecastris.com • Besuch des Weinmuseums nur nach Reservierung

Eine Mahlzeit wäre nicht komplett ohne Brot und das typische **Teiggebäck**: »Taralli«, »friselle«, »tielle«, »pucce« & Co. knabbert und isst man als Antipasto oder zum Aperitif. Und was die **Pizza** betrifft, kann man seit 2012 die »Autentica Pizza Barese a km zero« genießen, die nur mit regionalen Produkten zubereitet wird. Das Brot von Altamura gilt als eines der besten in ganz Italien, da es lange frisch bleibt – auch industriell wird es mit traditionellen Zutaten, wie bei der Firma Forte (www.oropan.it), hergestellt. Das leckere Gebäck mit Honig oder Ricotta und kleine Kuchen wie »pasticciotti« oder »cotognata« aus Lecce dürfen sich Naschkatzen nicht entgehen lassen. Apulien hat mit 40 % den größten Anteil an der gesamten italienischen Produktion von **Kirschen**: Eine der typischen Sorten ist die Ferrovia-Kirsche, die bis zu 15 g wiegt und erst in der zweiten Junihälfte geerntet wird. Feinschmecker können sich auch auf den Cardoncello-Pilz freuen, der nur in der Region Alta Murgia wächst und sehr vielfältig verwendet wird: mit Nudeln oder Reis, zu Fleisch und Fisch, mit Gemüse und Hülsenfrüchten.

Weine mit Leidenschaft

Vorbei ist die Zeit, als Apulien nur als einfacher Produzent von offenen **Weinen** galt: In der Region, die fast 1 Mio. t an Tafeltrauben produziert, erfreut man sich an schmackhaften und international hochgeschätzten Qualitätsweinen aus traditionellen autochthonen Rebsorten. Der vollmundige Rotwein Primitivo aus der Provinz Taranto und dem Salento passt zu herzhaften Gerichten. Aus dem Salento kommt auch der Neg-

Wenn im Spätherbst die Oliven reifen, werden Netze unter den Bäumen ausgelegt, damit keine der mediterranen Steinfrüchte verloren geht.

roamaro aus einer nur zur Weinherstellung angebauten Traube, wie beim Weingut des Schlagersängers Al Bano Carrisi (www.vinicolacar risi.com). Zu den ältesten Weinen Apuliens gehört der leuchtend rubinrote Nero di Troia, der in der Provinz Foggia angebaut wird.

Die berühmtesten Weißweine sind der Locorotondo und der Moscato di Trani – perfekte Begleiter zu Fischgerichten. Sechs Weine haben das IGT-Siegel erhalten und 26 gelten als DOC-Weine. Um die apulischen Weine besser kennenzulernen, wurden spezielle Weinstraßen eingerichtet, wie etwa die »Strada del vino Locororotondo e Martina« zwischen den Trulli des Itria-Tals, oder die »Vini del Capo e di Leuca« zwischen Otranto und Gallipoli.

Empfehlenswerte Restaurants finden Sie bei den Orten im Kapitel ▸ **Unterwegs in Apulien.**

Preise für ein dreigängiges Menü:

| €€€€ ab 50 € | €€ ab 25 € |
| €€€ ab 35 € | € bis 25 € |

grüner
reisen

Wer zu Hause umweltbewusst lebt, möchte dies vielleicht auch im Urlaub tun. Mit unseren Empfehlungen im Kapitel grüner reisen wollen wir Ihnen helfen, Ihre »grünen« Ideale an Ihrem Urlaubsort zu verwirklichen und Menschen zu unterstützen, denen ein verantwortungsvoller Umgang mit der Natur am Herzen liegt.

Die apulische »grüne Welle« rollt

Die Sensibilisierung für die Umwelt fing in Apulien Ende der 80er-Jahre an, als einige Produzenten aus dem konventionellen Anbau ausstiegen. Die apulischen Biohersteller werden heute auch von Konsortien und Verbänden unterstützt. National anerkannt ist der Verband BIOL ITALIA: Sein Ziel ist die Verbesserung der Qualität von Bioprodukten in Bezug auf ihre organoleptischen Eigenschaften (Geschmack, Aussehen, Geruch, Farbe ohne Hilfsmittel) und ihre Umweltverträglichkeit (www.biolitalia.it). Ein besonderes Anliegen des Konsortiums ist die »filiera corta«, das heißt der möglichst kurze Weg vom Hersteller zum Endverbraucher – die Lebensmittel werden regional erzeugt und vermarktet. Das Konsortium Biogargano beschäftigt sich mit der Aufwertung und der Förderung von typischen Produkten aus biologischem Anbau aus dem Gargano (www.biogargano.it).

Auch außerhalb des Food-Bereichs kommt die umweltfreundliche Philosophie in Gang: Das Umweltreferat Apuliens hat als erstes in Italien ein Gesetz zur Förderung umweltfreundlicher öffentlicher Anschaffungen verabschiedet, und in Apulien werden derzeit 1200 MW aus Windenergie und 250 MW aus Solarenergie produziert.

ÜBERNACHTEN
Biomasseria Lama di Luna

‣ S. 113, E 6

Umgeben von 190 ha Natur liegt diese Öko-Masseria aus dem 18. Jh. am Rand des Parco Nazionale dell'Alta Murgia. Sie wurde nach Kriterien der ökologischen Architektur und im Sinne des Feng-Shui mit natürlichen und ursprünglichen Baumaterialien restauriert. Die Zimmer blicken auf den Innenhof und verfügen über Heizung und warmes Wasser aus der Solaranlage. Alles entspricht umweltfreundlichem und nachhaltigem Denken: Die Betten sind aus massivem Oliven- und Kiefernholz, die Matratzen aus natürlichem Latex und das Bettzeug aus unbearbeiteter Baumwolle – selbst die Seife wird aus Olivenöl hergestellt. Um die Masseria herum erstrecken sich 43 ha Olivenhaine, dazu gesellen sich Kirsch- und Mandelbäume sowie Rebstöcke. Gefrühstückt wird auf der Veranda mit wunderschönem Blick auf die umliegende Landschaft: Sehr lecker schmecken »bruschette«, Marmeladen, Joghurt, Obst und »formaggio« aus eigener Herstellung sowie selbst gemachte Kuchen. Hier kann man stille Abende und Nächte unter einem mit Tausenden von Sternen übersäten Himmel genießen. Die Masseria verkauft ihre eigenen Produkte selbstverständlich in Bioqualität: Weine, Olivenöl und Mandeln. Hunde bekommen hier ein entsprechendes Quartier. Andria, Loc. Montegrosso • Tel. 0883/569505 • www.lamadiluna. com • 10 Zimmer • im Winter geschl. • ♿ • €€€

Agriturismo Masseria Sciaiani Piccola 👣👣 ‣ S. 116/117, C/D 15

In dieser didaktisch angelegten Masseria befindet sich ein Oköschwimmbecken, das durch ein System von Pflanzen, die in einem anliegenden Teich angesiedelt wurden, auf natürliche und umweltfreundliche Weise gereinigt wird. Das Wasser fließt durch Schichten von Sand und Schotter, wobei die Mikroorganismen es kontinuierlich reinigen. Darüber hinaus kann man sich hier Fleisch, Eier und Gemüse aus eigener Produktion schmecken lassen – und die Pasta wird selbstverständlich noch hausgemacht! Es werden Kurse zur Verkostung und zur Herstellung von Gerichten aus lokalen Produkten sowie Ausflüge zu Fuß, zu Pferd und mit dem Fahrrad angeboten. Von 20 ha Macchia umgeben lebt man hier in Trulli mit originalgetreuer Ausstattung oder in den schlicht eingerichteten Zimmern der Masseria. Villa Castelli, Contrada Masseria Sciaiani Piccola • Tel. 0831/860540 • www.sciaiani.it • 4 Trulli, 5 Zimmer • €€

ESSEN UND TRINKEN
Bioagricola Marchesana

‣ S. 116, A 14

Das Menü im Restaurant des Bauernhofs besteht ausschließlich aus Produkten, die im 22 ha großen, angeschlossenen Biobetrieb oder in den umliegenden landwirtschaftlichen Höfen in Ökoqualität hergestellt werden. Auf den Tisch kommt eine traditionelle apulische Küche, wie einst bei Großmuttern. Lamm- und Kaninchenfleisch, Eier, Milchprodukte, Gemüse und Obst, aber auch Wein, Olivenöl, »sottolio« (in Öl Eingelegtes) und Marmeladen kann man hier verkosten und erwerben. Alle Herstellungsverfahren stehen in Einklang mit ökologischen Produktionsmethoden – so kommt das Wasser beispielsweise aus einem artesischen Brunnen.

Gioia del Colle, Via Pavoncelli 2275 •
Tel. 0 80/3 48 15 30 • www.bioagri
colamarchesana.it • tgl. geöffnet, im
Winter nur Sa, So

EINKAUFEN

Accademia dei Racemi

▸ S. 118, D 16

Zu den Weinen aus biologischem
Anbau mit Zertifizierung gehört der
fabelhafte Primitivo di Manduria
Dunico Masseria Pepe. Er duftet herr-
lich nach Gewürzen und schwarzen
Beeren und bietet sich besonders als
Begleiter zu Wildgerichten und schar-
fen Käsesorten an. Die Böden für den
Wein erstrecken sich in der Nähe des
Meeres bis hin zu den Dünen, sodass
die Rebstöcke hier im Sand wachsen.
Manduria, Via Santo Stasi Primo •
www.racemi.it

Agricola Paglione ▸ S. 110, C 4

Die »pomodori pelati« (geschälte
Tomaten) aus biologischem Anbau
gelten als die besten Italiens. Der Bio-
produzent ist aber auch wegen anderer
Delikatessen bekannt, wie »pomodori
secchi« (getrocknete Tomaten), »olive
giganti« (ganz große Tafeloliven) und
extra nativem Olivenöl. Als Endverbraucher kann man sich bei einem Besuch des Gutes selbst eine Vorstellung
von den traditionellen und innovativ
angewandten Methoden machen.
Lucera, SP 116, km 9,8

Agriturismo Madonna Incoronata

▸ S. 113, F 3

In einem etwa 60 ha großen Landsitz
mit Macchia und jahrhundertealten
Olivenbäumen wird das extra native
Bio-Olivenöl Cragni aus der Oliven-
sorte Ogliarola Garganica hergestellt.
Geerntet werden die Früchte noch von
Hand. Darüber hinaus kann man im

Agriturismo, das auch Ferienwohnungen vermietet, Honig kaufen.
Mattinata • www.agriturismogargano.it

Antica Azienda Agricola Ricucci

▸ S. 113, E 2

Die »marmellata« (Marmelade) aus
Zitronen und Orangen aus Bio-Anbau
duftet intensiv nach den Zitrusfrüchten
des Gargano und wird in entzückenden
Gläsern verkauft. Der Landwirtschafts-
betrieb war schon Anfang des 20. Jh.
besonders im Ausland wegen seiner
leckeren Konfitüren geschätzt.
Rodi Garganico, Via Cristoforo Colombo 4 • www.agrumariaricucci.it

Frantoio Oleario De Carlo

▸ S. 116, D 10

Der Betrieb rühmt sich seiner hoch-
wertigen extra nativen Bio-Olivenöle,
auch mit außergewöhnlichen Duft-
noten wie »al limone« oder »al mandarino«. Von Hand geerntet, werden
die Oliven innerhalb von 24 Stunden
in der eigenen Ölmühle verarbeitet.
Bis zur Flaschenabfüllung wird das
Öl in Edelstahlbehältern unter einem
Stickstoffdeckel für den optimalen
Erhalt seiner organoleptischen Eigenschaften gelagert. Bio-Oliven in Salz-
lake gehören auch zum Angebot.
Bitritto, Via XXIV Maggio 54 •
www.oliodecarlo.com

Natuzzi ▸ S. 114, C 11

Das Umweltmanagementsystem des
Möbelherstellers Natuzzi wurde nach
ISO 14001 zertifiziert. Darüber hinaus
bemüht sich Natuzzi, kein Holz aus
unberührten Urwäldern für seine
Möbelproduktion zu erwerben, und
experimentiert mit dem nachhaltigen
Leder Wet White.
Santeramo in Colle, Via Lazzitiello 47 •
www.natuzzi.com

Weinernte auf dem Gut Tormaresca (▶ S. 23). Marchese Piero Antinori hat das Potenzial von Klima und Terroir erkannt und wirtschaftet streng nach ökologischen Kriterien.

Pastificio Benedetto Cavalieri
▶ S. 119, E 19

Unverwechselbar in der halb durchsichtigen, halb mit Papier bedeckten Packung sind die Nudeln von Benedetto Cavalieri. Die Teigwarenfabrik von 1918 hat nun das Angebot um Bionudeln erweitert: Spaghetti, Penne rigate und Tagliatelle sind die Klassiker. Maglie, Via Garibaldi 64 • www.benedettocavalieri.com

Tormaresca
▶ S. 117, F 15

Zum Weingut gehört auch die Masseria Maìme, wo der rubinrote Negroamaro Masseria Maime produziert wird: ein exzellenter Wein mit Noten von reifen Himbeeren und Sauerkirschen. Der biologisch wirtschaftende Betrieb aus Bari imponiert mit einer Fläche von 350 ha und einer Jahresproduktion von über 1 Mio. Flaschen.

San Pietro Vernotico, SP 86 nach Torre San Gennaro, km 5 • www.tormaresca.it

AKTIVITÄTEN
Saubere Strände

Die italienische Umweltschutzorganisation Legambiente hat im Jahr 2012 die apulischen Strände von Ostuni und Melendugno unter die zehn umweltfreundlichsten und saubersten Strände in Italien gewählt. In der Provinz Brindisi wird seit Jahren im August von der Organisation Fare Verde die Veranstaltung »Marine ecologiche« (umweltfreundliche Küsten) organisiert. Badegäste werden dazu motiviert, Plastikmüll, Dosen und Papier selbst vom Strand zu sammeln und über Recycling nachzudenken.
Fare Verde Puglia, Via Kalefati 2, Oria • www.fareverde.it

Einkaufen

Die verlockende Vielfalt an handwerklichen Kunstobjekten und Delikatessen verführt zum Shoppen: Mitbringsel aus Terrakotta und Pappmaschee sind gefragt – sowie die neuesten Ideen für Ihr Zuhause.

◄ Grottaglie (▶ S. 89) ist bekannt für seine bunte Keramik. Werkstätten gibt es hier bereits seit dem 16. Jh.

Süditalien ist bekannt für sein typisches **Kunsthandwerk**, und Apulien bildet darin keine Ausnahme. Am Stiefelabsatz Italiens können Sie Kunsthandwerkliches aus Keramik, Pappmaschee und Olivenholz, aber auch feine Stickereien und elegante Objekte aus Schmiedeeisen und Pietra Leccese, dem weichen Gestein aus Lecce, kaufen. Darüber hinaus finden Sie in der ganzen Region ein verlockendes Angebot an **kulinarischen Spezialitäten**. Als obligatorisches Mitbringsel gilt das extranative apulische Olivenöl – das Sie auch in Metallkanistern abgefüllt erhalten. Dazu gibt es typisches Salzgebäck wie »taralli«, die apulischen Nudeln »orecchiette«, das Brot von Altamura oder den Caciocavallo-Käse mit der Einschnürung – und wenn Sie mit dem Auto unterwegs sind, auch ein paar Flaschen schmackhafter Weine.

Feines Kunsthandwerk

Die Hauptstadt der Keramikproduktion ist Grottaglie, wo Tonwaren für jeden Geschmack hergestellt werden. Die traditionellen Muster finden für Alltags- und Designobjekte Verwendung. Feine Stickereien werden oft noch per Hand hergestellt, wie die Spitzen von Capurso. Aus Schmiedeeisen entstehen, vor allem im Salento, Accessoires für zu Hause. Rutigliano gilt als Zentrum für die Produktion der traditionellen apulischen »fischietti« (Pfeifen) aus Ton. Einer jahrhundertealten Tradition rühmt sich die Pappmaschee-Handwerkskunst in Lecce: Überall in der Barockstadt stoßen Sie auf Werkstätten, in denen

MERIAN-Tipp ✦3

LA BOTTEGA DEI FISCHIETTI
▶ S. 116, B 14

Hunderte von handgemachten und handbemalten »fischietti portafortuna« (Pfeifen als Glücksbringer) aus Ton finden Sie im Trullo-Laden von Annamaria Matarrese: von den einfachen und traditionellen Formen, etwa dem Hahn als Fruchtbarkeitssymbol, bis hin zu komplexeren Modellen, wie der preisgekrönten Pfeife in Form eines bis zum Dach vollgepackten Fiat 500. Darüber hinaus erwarten Sie bestickte Decken und Handtücher aus Leinen mit anspruchsvollen Motiven.
Alberobello, Via Monte Pertica 9

aus Papier, Ton, Draht, Stoff und Farbe bis ins Detail perfekte Figuren gebastelt werden.

Designermöbel

Sofas aus Leder der Marke Natuzzi (www.natuzzi.it) haben Sie vielleicht schon in den besten Showrooms Europas bewundert. In Apulien werden Sie diese an allen Ecken sehen, denn das Zentrum der Produktion und Entwicklung der Firma für italienisches Design liegt in Santeramo in Colle, in der Provinz Bari: Sofas, Möbel oder Accessoires werden Sie hier zwar nicht fürs Reisegepäck kaufen wollen, aber einen Vorgeschmack auf kommende Trends dürfen Sie durchaus mit nach Hause nehmen.

Empfehlenswerte Geschäfte und Märkte finden Sie bei den Orten im Kapitel ▶ Unterwegs in Apulien.

Feste und Events

Historische Umzüge, religiöse Feiertage und Musikfestivals bestimmen den apulischen Kalender. Das ganze Jahr über sind Gäste eingeladen, daran teilzunehmen und mitzufeiern!

◄ Feierliche Prozessionen prägen die Karwoche (► S. 27) in Apulien – hier die »pappamusci« in Francavilla Fontana.

JANUAR

Sagra del Fischietto di Terracotta, Rutignano

Um das Fest des hl. Antonio Abate wird ein großer Markt mit Pfeifen aus Terrakotta abgehalten.
17. Januar

FEBRUAR

San Valentino, Vico del Gargano

Eine Prozession zieht mit der mit Zitrusfrüchten geschmückten Statue des Schutzpatrons durch Vico.
14. Februar

Karneval, Putignano

Imposanter Maskenumzug mit Persiflagewagen. Bis auf das Jahr 1394 geht der älteste Karneval Italiens zurück: Er beginnt schon am 26. Dezember mit dem Ritus der »Propaggini« (Ableger).
Letzter Sonntag vor Karneval •
www.carnevalediputignano.it

MÄRZ/APRIL

Karwoche, Taranto

Eindrucksvolle Trauerprozession der Perdúni: Mit weißem Umhang und Kapuze pilgern bekleidete Büßer der Bruderschaften barfuß und unendlich langsam durch die Stadt.
Gründonnerstag

MAI

San Nicola, Bari

Mit einer malerischen Meeresprozession und einem geschichtsträchtigen Festumzug feiert die Stadt die historische Ankunft der Reliquien des Schutzheiligen San Nicola.
7., 8. und 9. Mai

JULI/AUGUST

Festival della Valle d'Itria, Martina Franca

Internationales klassisches Musik- und Opernfestival mit Belcanto, Jazz und apulischen Komponisten.
Mitte Juli–Anfang August •
www.festivaldellavalleditria.it

Corteo Storico di Federico II, Oria

Historischer Umzug und Palio der Stadtviertel, in Erinnerung an die Investitur von Friedrich II.
Mitte August

OKTOBER

Corteo Storico Corrado IV di Svevia, Casamassima

Der historische Umzug mit 400 Figuranten erinnert an das Jahr 1252, als der Staufer Konrad IV. das Lehen von Casamassima zurückgab.
Anfang Oktober

MERIAN-Tipp

LA NOTTE DELLA TARANTA

Beim größten Volksmusikfestival Europas, der »Nacht der Tarantel«, dreht sich alles um einen uralten Tanz: die Pizzica – die Tarantella des Salento. In 15 Gemeinden der Grecìa Salentina und ihrer Umgebung finden Konzerte und Spektakel mit traditionellen Instrumenten wie Schlaggitarre und Tamburello statt. Das Festival endet mit einem großartigen Konzert vor der reizvollen Kulisse des ehemaligen Augustinerklosters in Melpignano südöstlich von Lecce. Drei Wochen im August • Fondazione La Notte della Taranta • www.lanottedellataranta.it

Sport und Strände
Mit 800 km Küste ist Apulien rekordverdächtig: Keine andere Region Italiens bietet eine so lange und abwechslungsreiche Uferlinie. Wanderer wiederum schätzen die zahlreichen Naturparks.

◄ Oft nur per Boot erreichbar: Versteckte Buchten, wie hier die Baia delle Zagare (▶ S. 42), findet man im Gargano.

In Apulien freuen sich Badeurlauber auf Steilküsten und Meeresgrotten, vom Meer ausgespülte Felsenküsten, kleine Buchten, schützende Dünen und unendlich lange feine Sandstrände. Darüber hinaus können sich Sportliche in Wassersportarten wie Windsurfing, Segeln und Tauchen versuchen – oder mit Kanus und Tretbooten die Küste entdecken. Bietet Apulien lediglich Spaß für Wasserratten? Nein, es überrascht außerdem mit einem reichlichen Angebot auf dem Land: Steht Ihnen der Sinn nach Wandern, Rad fahren, Reiten oder Golfen, sind Sie hier gut aufgehoben. Da das gesamte Gebiet des Gargano mit seiner Naturvielfalt zum gleichnamigen Nationalpark gehört, bietet diese Gegend die mannigfaltigsten Möglichkeiten.

Aber auch im Parco dell'Alta Murgia und in den anderen Naturreservaten werden Outdoorliebhaber fündig. Feriendörfer und Masserie bieten vielfältige Sportaktivitäten an – oft stehen den Gästen Fahrräder und Mountainbikes zur Verfügung. Bei den lokalen Touristenagenturen und Infopoints können Sie sich nach aktuellen Angeboten erkundigen.

GOLF

Golfplätze umgeben von uralten Olivenhainen oder mit herrlichem Blick aufs Meer sind auch für verwöhnte Golfspieler ein Erlebnis. In Apulien gibt es derzeit fünf 18-Loch-Golfplätze: in Casamassima, Savelletri di Fasano, Acaya, Castellaneta und Metaponto. Ein zusätzlicher exklusiver Golfplatz mit 9-Loch-Parcour

befindet sich in der Masseria Torre Coccaro (▶ MERIAN-Tipp, S. 13).

Acaya Golf Club ▶ S. 119, E 18
Acaya, Strada comunale, km 2 • Tel. 08 32/86 12 85 • www.acayagolfclub.it

Bari Alto Golfclub ▶ S. 115, D 10
Casamassima, SS 100, km 18 • Tel. 0 80/6 97 71 05 • www.barialto golfclub.it

Riva dei Tessali ▶ S. 116, A 16
Castellaneta, Loc. Riva dei Tessali • Tel. 0 99/8 43 18 44 • www.rivadei tessali.it

San Domenico Golf Puglia
▶ S. 116, C 14
Savelletri di Fasano • Tel. 0 80/ 4 82 92 00 • www.golfpuglia.it

RAD FAHREN

Weit entfernt von den Hauptachsen kann man in vielen Gegenden auf kleinen Nebenstraßen gemütlich radeln. Die ideale Reisezeit, um Apulien auf zwei Rädern zu erkunden, ist von März bis Juni und von September bis November. Gargano erweist sich als wahres Paradies für den Radtourismus – die Wege sind hier aber eher für Mountainbikes geeignet. Einige Unterkünfte haben sich speziell auf Radfahrer eingestellt und vermieten Fahrräder für geführte Radtouren.

Auf den wilden Schotterwegen der Alta Murgia im gleichnamigen Naturpark finden die Fahrradfans ebenfalls zahlreiche Möglichkeiten. Im Südosten von Bari, in der Valle d'Itria und im Salento existiert ein großes Routennetz, obwohl die Touren hier oft auf den Provinzstraßen verlaufen. Infos unter www.cicloamici.it und www.ciclomurgia.com

REITEN

In der ganzen Region bieten Bauernhöfe, wie beispielsweise die Masseria Sciaiani Piccola (▸ S. 21), Ausflüge im Sattel an – in der schönen Saison auch am Strand. In den Naturparks und Naturreservaten sind auch Reittouren möglich. Im Parco dell'Alta Murgia gibt es Masserie mit Reitställen, wo Reitliebhaber Unterstützung erhalten können. Auf der Karte des Parks sind diese Unterkünfte vermerkt (www.maneggiditalia.it).

Vieste, Agriturismo Costella • Tel. 08 84/27 16 14 • www.agri-costella.it

SEGELN/SURFEN

An vielen Badeorten können Windsurfer auf den Wellen reiten: an den Laghi Alimini, am Sandküstenstreifen Capitolo in Monopoli oder am Marinereservat von Porto Cesareo am Ionischen Meer. Das Eldorado für jeden Windsurfer befindet sich aber im nördlichen Gargano zwischen Vieste und Peschici an der Bucht Santa Maria di Merino, bekannt als »La Spiaggia lunga«. Auch Segelinteressierte werden in Apulien sicher nicht enttäuscht, denn Segelzentren gibt es an vielen Badeorten.

Centro Surf Monopoli ▸ S. 115, F 10
Monopoli, Contrada Losciale • Tel. 0 80/4 03 23 66 • www.centrosurf monopoli.it

Surf Concept ▸ S. 111, F 2
Vieste, Litoranea Vieste/Peschici, km 8 • Tel. 08 84/70 63 26 • www.surfconcept.it

TAUCHEN

Die schönsten Tauchgebiete finden Sie in den Marinereservaten der Tremiti-Inseln, am Torre Guaceto und bei Porto Cesareo. Aber auch andere Regionen wie Santa Maria di Leuca locken die Tauchfreaks mit wunderschönen Revieren. Überall an der Küste bieten Tauchzentren Kurse und geführte Ausflüge an und verleihen Ausrüstungen. Taucher finden ihr ganz besonderes Paradies aber in den Gewässern rund um die Tremiti-Inseln. Unter Wasser sind hier merkwürdige Felsformationen sowie eine faszinierende Unterwasserfauna und -flora zu bestaunen. Man trifft hier auf Zackenbarsche, Goldbrassen und Pfauenlippfische, und die Felswände, die bis zu 30 m steil abfallen, sind von farbenfrohen Schwämmen bedeckt. Gorgonien, rote Seesterne und Seeigel bevölkern die Meerestiefen, in denen auch viele Wracks gefunden wurden. Unvergessliche Eindrücke sammeln Sie an Tauchplätzen wie der Secca del Cretaccio und der Grotta Viola.

Tremiti Diving Center ▸ S. 110, C 1
Tremiti, San Domino • Tel. 3 37/64 89 17 • www.tremitidivingcenter.com

THERMEN

Alle Heilbäder der Region liegen an der Adria. Die bekanntesten sind im Norden die Thermen von **Margherita di Savoia** mit ihrem stark salzhaltigen Wasser (www.termemargherita.it) und im Süden die Kuranlagen von **Santa Cesarea Terme** in der Nähe von Otranto mit ihren schwefel-, brom- und jodhaltigen Thermalquellen (www.termesantacesarea.it).

WANDERN

Die beiden Naturparks Gargano und Alta Murgia bieten die besten Voraussetzungen für Trekkingtouren: In der Foresta Umbra – im Herzen des

Viele Radwege gibt es nicht in Apulien, dafür aber zahlreiche verkehrsberuhigte kleine Landstraßen und Feldwege – die vor allem für Mountainbiker geeignet sind.

Nationalparks des Gargano – findet man eine Vielzahl an ausgeschilderten Wanderwegen in verschiedenen Schwierigkeitsgraden.

STRÄNDE

Abgeschiedene Buchten erwarten Sie an steil abfallenden Klippen und Meeresgrotten im Gargano und im Salento, wo die Küste höher und felsiger wird: Boote und Schlauchboote können Sie in den Häfen, beispielsweise von Mattinata, Vieste, Peschici, Santa Cesarea Terme und Otranto, mieten oder an Bootstouren zu den Badebuchten und Meeresgrotten teilnehmen. Entlang der Murgia und eines Teils des Salento ist die Küste felsig, aber niedriger. Lange und feine Sandstrände bieten vor allem der Gargano, der Golf von Manfredonia, Teile des Salento und der Golf von Taranto. Neben freien Badestränden finden Sie überall mit allem Komfort ausgestattete Lidi. Die Wasserqualität ist in der ganzen Region sehr gut: 2012 bekamen zehn Badeorte das Umweltsymbol »Bandiera Blu« (Blaue Flagge) für besonders schöne Strände und sauberes Wasser!

Familientipps Im Land der »bambini« gibt es viele Möglichkeiten, auch abseits der Strände Spaß zu haben: in den Fun- und Aquaparks, auf Safari unter exotischen Tieren und beim Bummel zwischen Dinosauriern.

◄ Safari »light«: keine Tiger, sondern Tiere zum Anfassen warten in vielen Masserie auf kleine Besucher.

Miragica ► S. 114, C 9

In diesem Vergnügungspark nördlich von Bari ist alles »zauberhaft«. Stellen Sie sich Szenarien wie bei Harry Potter vor: Welches Kind könnte dieser Verführung widerstehen? Eine Reihe von Angeboten richtet sich aber an die ganze Familie. Bagnomatto ist beispielsweise ein Spaziergang durch mehrere Wasserbrunnen; in der Scatola magica gibt es spannende 4D-Filme zu sehen, bei denen sich auch die Sessel bewegen. Zu den Höhepunkten gehört auf jeden Fall eine Fahrt mit der Achterbahn, dem 47 m hohen Free-Fall-Tower und dem Rund-Karussell.
Molfetta, Via dei Portuali • www.miragica.com • Eintritt 20 €

Splash ► S. 118, C 19

Das größte Funbad Apuliens ist im Sommer eine perfekte Alternative zur Stadtbesichtigung. Gegen die lähmende Hitze bietet der Wasserpark exklusive Wasserpfade und den Egyptian River, aber auch klassische Wasserspiele mit Riesenrutschen, Wasserfällen und Rettungsringen.
Gallipoli, Rivabella, Litoranea Santa Maria al Bagno • www.splashparco.it • Mitte Juni–Mitte Sept. 10–18.30, 19–2 Uhr • Eintritt ab 15 €

Zoosafari ► S. 116, C 14

Im größten Safarigelände Italiens erwarten Sie 200 verschiedene Spezies und 1700 frei lebende Tiere: Tiger, Löwen, Giraffen, Elefanten, Kamele und Zebras beobachten Sie bei einer Autotour mit dem eigenen Wagen – die Affenhorden mit einem Zug des

---

MERIAN-Tipp 5

PARCO DEI DINOSAURI ► S. 115, E 11

Dinosaurier in Originalgröße können Kinder in diesem über 140 ha großen Dinosaurierpark erleben. Bei einer Führung gelangen sie durch die verschiedenen Erdzeitalter vom Paläozoikum über das Mesozoikum bis ins Tertiär. Dabei bestaunen sie auch den Star dieser urzeitlichen Erdbewohner aus Kunstharz: den Tyrannosaurus Rex – obwohl der Branchiosaurus mit 25 m Länge und 12 m Höhe größer war und der Dimetrodon vor ungefähr 250 Mio. Jahren bereits lange vor ihm lebte.
Castellana Grotte, Via Conversano 157 • www.ilparcodeidinosauri.it • April–Mitte Sept. 9.30–13, 14.30–18.30 Uhr • Eintritt 5 €

Zoos. Im Park finden Sie auch ein **Delfinarium** mit Wasserlandschaft und Delfinshow (tgl. 12–15 Uhr). Der angeschlossene Freizeitpark **Fasanolandia** bietet Attraktionen wie Looping, Achterbahn und das Theater Fantasy. Kein billiges Vergnügen, denn für jeden der drei Parks gibt es separate Eintrittskarten.
Fasano, Via dello Zoosafari • www.zoosafari.it • April–4. Nov. tgl. 10–13/15 Uhr, im Winter nur Fasanolandia Sa 10–16, So 10–17 Uhr • Eintritt Zoosafari 22 €, Kinder 19,50 €, Fasanolandia 8 €, Delfinarium 12 €, Kinder 10 €

Weitere Familientipps sind durch dieses Symbol gekennzeichnet.

Polignano a Mare (▶ S. 58) im Licht der untergehenden Sonne. Der mittelalterliche Stadtkern erhebt sich direkt über der Steilküste mit meerumspülten Grotten.

Unterwegs
in Apulien

Verschiedene Kulturen besiedelten den Landstrich und hinterließen eindrucksvolle architektonische Zeugnisse – eingebettet in einen vielfältigen Naturraum.

Gargano und Tavoliere Während
sich im Gargano Strände und Felsen mit dichten Wäldern im Landesinneren abwechseln, bestimmen goldene Weizenfelder das Bild in der Ebene des Tavoliere.

◀ Auf San Nicola, einer der Tremiti-Inseln (▶ S. 38), ragt eine 1045 gegründete befestigte Benediktinerabtei empor.

An der Steilküste des Gargano öffnen sich durch den Pinienwald immer wieder atemberaubende Ausblicke auf malerische Badebuchten, weiße Sandstrände und zerklüftete Felsbögen. Der gebirgige Vorsprung aus Kalkstein ist auch Namensgeber für den **Parco Nazionale del Gargano**, der sich auf einer Fläche von mehr als 2000 qkm erstreckt. Der Nationalpark umfasst auch das Waldgebiet der **Foresta Umbra**, das grüne Herz der Region, das auf knapp 800 m Höhe Schatten und Frische spendet. Auf dem offenen Meer liegt die kleine felsige Inselgruppe der **Tremiti** mit ihrem kristallklaren Wasser. Südlich vom Gargano, auf den Hügeln im Daunischen Subapennin, blicken die Dörfer, die einst dank ihrer dominierenden Lage als Verteidigungsposten dienten, auf den flachen Tavoliere. Das 300 qkm große Gebiet präsentiert sich als eine baumlose Ebene mit scheinbar endlosen Kornfeldern: Hier, mitten in der größten Kornkammer Süditaliens, liegt Foggia.

Foggia   ▶ S. 110, C 4

152 300 Einwohner
Stadtplan ▶ S. 39

Der Staufer Friedrich II. schätzte die Stadt als wichtigen militärisch-strategischen Stützpunkt. Er bestimmte sie zum Mittelpunkt seines Kaiserreichs und ließ einen prunkvollen Palast errichten. Von dieser glorreichen Vergangenheit findet man in Foggia heute kaum noch Spuren, denn die Stadt wurde 1731 bei einem Erdbeben fast vollständig zerstört und 1943 während des Zweiten Welt-

kriegs schwer bombardiert, wodurch wenig Sehenswertes erhalten blieb. Die Hauptstadt der gleichnamigen Provinz, die nach dem byzantinischen Statthalter noch heute Capitanata genannt wird, ist das wirtschaftliche Zentrum der Gegend.

MUSEEN
Museo Civico   ▶ S. 39, b 1

Neben Münzen von Friedrich II. und Objekten aus dem landwirtschaftlichen Umland sind auch Funde aus römischer und vorrömischer Zeit ausgestellt, wie die der Daunier – ein Volk aus dem Mittleren Osten, das hier bis zum 5. Jh. v. Chr. ansässig war. Palazzo Arpi, Piazza Nigri 1 • tgl. 9–13, Di, Do 16–19 Uhr • Eintritt 2 €

SPAZIERGANG

Stadtplan ▶ S. 39

Ausgangspunkt für unseren Stadtbummel ist die **Piazza Umberto Giordano**, wo ein **Denkmal** des 1867 in Foggia geborenen gleichnamigen Komponisten steht, der 1896 die Oper »Andrea Chénier« vertonte – das ihm gewidmete Stadttheater ist jedoch schon lange wegen Restaurierungsarbeiten geschlossen. Von hier aus geht es nun zum **Corso Vittorio Emanuele II**, der Hauptachse mit schönen Geschäften. An der Kreuzung Corso Garibaldi wenden

Sie sich links, bald danach finden Sie auf der rechten Seite die Via Duomo, die zur 1162 von Wilhelm II. gegründeten Kathedrale **Santa Maria Icona Vetere** führt. In der mehrmals umgebauten Kirche wird in der Cappella dell'Icona Vetere das hochverehrte byzantinische Tafelbild der »Madonna dei Sette Veli« aufbewahrt.

Ein paar Schritte weiter geradeaus auf der Via Duomo erreichen Sie die Via Arpi. Dort biegen Sie rechts ab bis zur Piazza Nigri, wo der **Palazzo Arpi**, heute Sitz des Stadtmuseums, steht. Hier erkennen Sie einen von Adlern getragenen **Portalbogen**: die einzigen Überreste vom Palast Friedrich II. Unter dem Portalbogen hindurch überquert man die Via Repubblica und sieht, die Via San Lazzaro entlanggehend, rechts die Kirche **San Giovanni Battista** aus dem 18. Jh. auf der **Piazza Piano di Santa Croce**, deren Name sich von der vor der Kirche stehenden Colonna della Croce (»Säule des Kreuzes«) herleitet. Dauer: 2 Std.

ESSEN UND TRINKEN

Trattoria Giordano Da Pompeo
▸ S. 39, b 1

Frische hausgemachte Pasta • Aus der offenen Küche werden »maccheroni con patate e marasciulli« (Makkaroni mit Kartoffeln und einem leicht bitteren Wildkraut) serviert. Vico al Piano 14 • Tel. 08 81/72 46 40 • Sept.–Juli Mo–Sa • €€

EINKAUFEN

Pasticceria Moffa
▸ S. 39, b 2

Hier kaufen die Foggiani gerne, besonders am Sonntag, ihre Kuchen und Süßigkeiten ein. Via Duomo 16 • www.pasticceria moffa.it

SERVICE
AUSKUNFT
Azienda Promozione Turistica di Foggia (A.P.T.) ▸ S. 39, d 3
Via Perrone 17 • Tel. 08 81/72 31 41

Ziele in der Umgebung
◎ **Isole Tremiti** 1 ▸ S. 110, C 1
500 Einwohner

Von oben gesehen ist der Blick auf den kleinen Archipel atemberaubend: Die beiden bewohnten Inseln **San Nicola** und **San Domino**, in der Antike Diomedee (nach Diomedes) genannt, und die drei unbewohnten Inseln Cretaccio, Capraia und Pianosa (20 km nordöstlich des Archipels) ragen aus der türkisblauen Adria nördlich des Gargano heraus.

Am Hafen San Domino, wo vor allem Aleppokiefern die steilen Felsen bedecken, bestaunt man die gegenüberliegende, nur 450 m breite und weniger als 1,5 km lange Insel San Nicola, die man nur mit dem Boot erreicht: Auf ihrem steilen weißen Kalksteinfelsen thront die befestigte, von den Benediktinern im Jahr 1045 errichtete Abteikirche **Santa Maria a Mare**. Vom Kai des kleinen Hafens auf San Nicola aus führt eine steile gepflasterte Straße nach oben bis zum Hauptplatz und zur Zugangsbrücke der befestigten Abtei: Hier schlägt das historische und religiöse Herz der Inseln. In der Kirche bewundert man mehrere Fragmente eines bunten Mosaikbodens aus dem

WUSSTEN SIE, DASS …

… vor der Insel Caprara (auch Capperaia oder Capraia genannt) 1998 eine Statue des populären Heiligen Padre Pio (1887–1968) in 10 m Tiefe versenkt wurde?

11. und 12. Jh. mit geometrischen Mustern und fantasievollen Motiven – meist wunderbaren Tieren.
Ca. 80 km nördl. von Foggia

ÜBERNACHTEN
B & B La Casa di Gino

Inselherberge • Schlicht eingerichtete Unterkünfte mit Dachterrasse zum Frühstück und Sonnenbaden; Es besteht ein Shuttle vom Hafen.
San Nicola, Centro Storico • Tel. 08 82/46 34 10 • www.hotel-gabbiano.com • 7 Zimmer • €€€

AM ABEND
La Capannina

Die Adresse für den Aperitif im Freien: Von der Hängematte aus genießt man den atemberaubenden Blick auf die Insel San Nicola.
San Domino, Belvedere • Tel. 3 28/2 03 15 03

SERVICE
ANREISE

Die Isole Tremiti erreicht man mit dem Hubschrauber von Foggia, mit der Fähre ganzjährg von Termoli

und während der Sommermonate auch von Vieste und anderen Häfen des Gargano aus.

VERKEHR
Flüge
Alidaunia

Foggia, Aeroporto Gino Lisa • Tel. 1 99 24 03 02 • www.alidaunia.it

Fähren
Navigazione Libera del Golfo

Tel. 0 81/5 52 07 63 • www.navlib.it
– Porto di Termoli, Molo Nord Est
– Rodi Garganico, Scalo Marittimo Rodi
– Vieste, Molo San Lorenzo

Tirrenia

Porto di Termoli, Adria Shipping S.r.l., Banchina Nord Est • Tel. 02/39 59 50 11 • www.tirrenia.it

◎ Manfredonia ▸ S. 111, E 3
57 500 Einwohner

Die Stadt wurde 1256 von Manfred, dem Sohn Friedrich II., gegründet, um die Flüchtlinge des zerstörten Siponto aufzunehmen. Die Raffinerie am Golf ist nicht wirklich einladend, aber die Hafenstadt mit ihrem typisch süditalienischen Flair und dem staufisch-anjouinischen **Kastell** am Meer ist einen Besuch wert.
39 km nordöstl. von Foggia

SEHENSWERTES
San Leonardo di Siponto

Ein Abstecher lohnt sich in die 7 km südwestlich von Manfredonia gelegene Abteikirche San Leonardo mit ihren noch wunderschön erhaltenen Steinmetzarbeiten im Nordportal – die Kirche war Station für Kreuzritter, die ins Heilige Land wollten.
Strada Statale 89 • www.sanleonardo disiponto.it • tgl. 9–19 Uhr

Santa Maria Maggiore di Siponto

Ein Muss für Architekturliebhaber ist diese 3 km südwestlich gelegene romanische Kirche aus dem 12. Jh., die auf dem freien Feld steht und aus zwei übereinander liegenden Kirchen besteht. Faszinierend sind der rechteckige Grundriss und die mit Blendbögen geschmückte Fassade.
Strada Statale 89 • Sommer Mi–Mo 9.30–12.30, 15.30–17.30 Uhr

MUSEEN
Museo Nazionale Archeologico

Hier sind mysteriöse Stelen der Daunier zu bewundern. Die über 1500 Steinplatten, die wohl als Grabplatten in den Boden gesteckt wurden, zeigen männliche und weibliche Figuren sowie Alltagsszenen; im oberen Teil der Stelen sind Köpfe eingeritzt.
Castello Svevo Angioino, Corso Manfredi • www.archeopuglia.beni culturali.it • tgl. 8.30–19.30 Uhr • Eintritt 2,50 €

EINKAUFEN
Ceramiche Robustella

Bunte Accessoires für das Haus aus handgemachter Keramik zaubert Antonio Robustella in seinem Atelier.
Corso Manfredi 56 • http://ceramiche robustella.it

SERVICE
AUSKUNFT
Ufficio Informazioni e di Accoglienza Turistica (I.A.T.)

Piazza del Popolo 11 • Tel. 08 84/ 58 19 98

◎ Margherita di Savoia ▸ S. 111, F 4
12 300 Einwohner

Ihren Namen verdankt die Stadt, die einst Salina di Barletta hieß und seit

Abendlicher Trubel in den Gassen der Altstadt von Peschici (▶ S. 43). Die Stadt gehört zu den 19 Gemeinden des Nationalparks Gargano, an dessen Rand sie liegt.

Jahrhunderten für die Produktion von Speisesalz bekannt ist, der ersten Königin Italiens. Margherita di Savoia engagierte sich sehr für die Verbesserung der Arbeitsbedingungen in den Salinen. Fährt man Richtung Norden, hat man zur Rechten einen Blick auf das offene Meer und zur Linken auf die einzigartige flache Küstenlandschaft der Salinen. Die größten Salinen Italiens umfassen eine Fläche von etwa 4000 ha. Hier werden jährlich zwischen 500 000 und 600 000 t Meersalz gewonnen – nur mithilfe von Wind, Sonne und Meer.

In dem Feuchtgebiet, das seit 1977 als Naturreservat von der staatlichen Forstverwaltung beaufsichtigt wird, kann man Säbelschnäbler, Reiher und Stelzenläufer beobachten. Ein spektakuläres Erlebnis sind die Schwärme von Flamingos, die hier durch ein Krustentier angelockt werden, von dem sie sich ernähren. Die Salinen dürfen nur mit Führung besucht werden (Reservierung Tel. 08 83/65 75 19, www.museosalina.it, Mo–Fr 8–14 Uhr, Dauer 2–5 Std., nur mit dem eigenen Auto).
57 km östl. von Foggia

SERVICE
AUSKUNFT
Ufficio Informazioni e di Accoglienza Turistica (I.A.T.)
Via Cirillo 2 • Tel. 08 83/65 40 12

Mattinata ► S. 111, F 3
6500 Einwohner

Schon in der Bronzezeit von den Dauniern besiedelt, liegt die Stadt über einer 2 km langen Bucht an den Hängen des **Monte Saraceno**, wo sich auch eine Nekropole mit etwa 500 daunischen Gräbern (12.–6. Jh. v. Chr.) befindet. Bis 1954 nur ein Stadtteil von Monte Sant'Angelo ist Mattinata jetzt vor allem wegen seiner Sandstrände und wunderbaren Buchten, wie der **Baia delle Zagare**, berühmt. Im Ortsteil Iunno kann man die »pagliai« – alte, trocken gemauerte Rundbauten – bewundern.
58 km nordöstl. von Foggia

> **MERIAN-Tipp** ✡ 6
>
> **ORCHIDEEN IM GARGANO**
> ► S. 111, E/F 2/3
>
> Tausende von Orchideen blühen zwischen Mitte April und Mitte Mai auf der Gargano-Halbinsel. In der Region gedeihen 87 Arten wild wachsender Orchideen, rund um Mattinata gibt es 65 Arten. Davon sind einige Exemplare, etwa die Ophrys apulica, sogar endemisch, sie existieren also nur hier. Bei einer Wanderung mit erfahrenen Naturparkführern kann man die Farbenvielfalt und die erstaunlichen Formen dieser wunderschönen Blumen hautnah erleben. Führungen unter Tel. 3 39/7 77 38 07 • www.orchideedelgargano.it

SEHENSWERTES
Farmacia Sansone
Nicht verpassen sollte man diese Apotheke, wo Dottore Matteo Sansone einen Großteil seiner »Collezione Sansone«, über 4000 archäologische Funde aus der Umgebung, Interessierten gerne präsentiert.
Corso Matino 114

ÜBERNACHTEN
Hotel Residence il Porto
Mit Blick auf die Bucht • Nagelneue Anlage mit stilvollen, großzügigen Zimmern und Entspannung pur am Swimmingpool. Hotelshuttle zum privaten Strand oder in die Stadt.
Via del Mare, SP 53, Litoranea per Vieste, km 1,5 • Tel. 08 84/55 25 11 • www.ilportohotel.it • 17 Zimmer, 32 Appartements • €€€

Residence Hotel Torre del Porto
Familiäres Ambiente • Von Zitronen- und Orangenbäumen umgeben, mit Pool und nur knapp 200 m vom Kiesstrand entfernt. Man kann das biologische extranative Olivenöl aus der eigenen Produktion erwerben.
Contrada Funni • Tel. 08 84/55 04 29 • www.torredelporto.it • 29 Zimmer • €

ESSEN UND TRINKEN
Giardino Monsignore
Genießen am Meer • Erlesene Fischgerichte der lokalen Küche, mit Blick auf den Lido am Ufer von Mattinata. Auch Pizza aus dem Holzofen.
Contrada Torre del Porto • Tel. 08 84/55 99 34 • www.monsignore.it • €€€€

SERVICE
AUSKUNFT
Ufficio Informazioni e di Accoglienza Turistica (I.A.T.)
Corso Matino 68 • Tel. 08 84/55 91 69

◎ Monte Sant'Angelo ★

▶ S. 111, E 3

13 100 Einwohner

Glaube und Geschichte, Legenden und Mythen prägen einen der meistbesuchten Wallfahrtsorte Italiens, der auch für Nichtgläubige Mystik entfaltet. Um hierher zu kommen, fährt man die wunderschöne Serpentinenstraße bis auf knapp 800 m hinauf, vorbei am Stadtviertel Junno mit seinen weiß gestrichenen Reihenhäusern aus dem 16. und 17. Jh. Der Legende nach erschien hier der Erzengel Michael das erste Mal im Jahr 490. Um diesen heiligen Ort herum – einst obligatorische Etappe für die Kreuzritter – entwickelte sich im Mittelalter die Ortschaft, wo der Pilgerstrom eine Unterkunft fand.

54 km nordöstl. von Foggia

SEHENSWERTES

Parco Nazionale del Gargano ♟♟

Zum 1991 gegründeten Nationalpark gehören fast der gesamte Gargano und das Meeresschutzgebiet der Isole Tremiti. Mit seinen über 118 000 ha ist der Park eines der ausgedehntesten Naturschutzgebiete in Europa. In der 15 000 ha großen **Foresta Umbra** tummeln sich Rehe und Wildschweine zwischen Buchen, Silberpappeln und Steineichen. Im Frühling bedecken unzählige Blumen die steilen Hänge, Richtung Küste wechseln sich grüne Aleppokiefern mit Orangenbäumen und Olivenhainen ab. Der Park umfasst 19 Gemeinden, darunter Manfredonia, Mattinata, Monte Sant'Angelo, Peschici und Vieste. Im gesamten Gebiet sind schöne markierte Wanderwege ausgewiesen.

Ufficio Parco Nazionale del Gargano, Via S. Antonio Abate 121, Monte Sant'Angelo • www.parcogargano.it

San Michele Arcangelo

In diese Wallfahrtskirche, einer der ältesten Pilgerorte des Abendlandes und seit dem Jahr 2011 auf der Liste des UNESCO-Weltkulturerbes, tritt man durch einen Doppelbogen ein, von dem eine Statue des Heiligen herabblickt. 86 Stufen führen dann zur heiligen Höhle, die durch eine Bronzetür von 1076 mit Reliefs über die Michaelslegende verschlossen wird.

Via Reale Basilica 121 • www.santuariosanmichele.it • tgl. 9.30–12.30, 15–19 Uhr

Santa Maria di Pulsano

Unbedingt ansehen sollte man die 1177 eingeweihte Abteikirche, die sich beeindruckend zwischen wilden Felsen und Schluchten erhebt. Am 8. September, zum Namenstag der Madonna, kommen Gläubige nach altem Brauch vom 9 km entfernten Monte Sant'Angelo auf dem Rücken von Mauleseln hierher geritten.

Via Abbazia di Pulsano • www.abbaziadipulsano.org • tgl. 8.30–18 Uhr

ESSEN UND TRINKEN

Li Jalantuùmene

Beste Tradition • Alte Rezepte wie die Nudelsorte »troccoli« mit Saubohnenragout kommen hier mit einer Flasche guten Olivenöls aus dem Gargano auf den Tisch.

Piazza de Galganis 5 • Tel. 08 84/56 54 84 • www.li-jalantuumene.it • €€€

SERVICE

AUSKUNFT

Associazione Turistica Pro Loco Monte Sant'Angelo

Via Reale Basilica 40 • Tel. 08 84/56 55 20 • www.prolocomontesantangelo.it

◎ San Giovanni Rotondo

▶ S. 111, D 3

27 400 Einwohner

Der Ort entstand im 11. Jh. am Pilgerweg zur Grotte des Erzengels Michael, heute ist er wegen des hl. Padre Pio da Pietralcina eine Pilgerstätte. Im Inneren der gigantischen, von Renzo Piano entworfenen **Wallfahrtskirche** finden 7000 Menschen Platz (www. padrepioesangiovannirotondo.it).
32 km nordöstl. von Foggia

SERVICE
AUSKUNFT
Ufficio Informazioni e di Accoglienza Turistica (I.A.T.)
Piazza Europa 104 • Tel. 08 82/
45 62 40

◎ Troia

▶ S. 112, A 5

7400 Einwohner

Die Stadt blickt von ihrer erhabenen Position auf einer Bergkuppe auf den Tavoliere hinab und ist vor allem wegen der 1093 gebauten Kathedrale **Santa Maria Assunta** bekannt. Troia wurde auf den Ruinen des antiken Aecae um 1022 gegründet und 1229 von Kaiser Friedrich II. zerstört.
23 km südwestl. von Foggia

SEHENSWERTES
Santa Maria Assunta

Die Fassadenrosette der Kathedrale aus elf kleinen Säulen und verflochtenen Bögen gilt als die schönste Apuliens! Beeindruckend ist auch das bronzene Hauptportal – ein Werk von Oderisio aus Benevento.
Piazza Giovanni XXIII • tgl. 8–13, 16–20 Uhr

ÜBERNACHTEN
Agriturismo Pirro

Auszeit im Grünen • Ruhige Unterkunft mitten in der Natur mit Mountainbike-Verleih. Das Frühstück wird unter den Arkaden serviert. Didaktischer Bauernhof.

Filigran und doch belastbar: Die traditionellen Pfahlbauten der Fischer des Gargano, Trabucchi (▶ MERIAN-Tipp, S. 45) genannt. In Apulien gibt es davon heute noch 14.

Contrada Cuparoni SS 160 • Tel. 3 49/
1 72 38 91 • www.agriturismopirro.
com • 5 Zimmer • €€

◉ Vieste   ▶ S. 111, F 2

14 000 Einwohner

Am Nordende des 3 km langen Sandstrands Castello (oder Scialara), der von einer herrlichen Uferpromenade gesäumt wird, ragt die Klippe Pizzomunno (»Stück der Welt«) aus dem Wasser. Heute ist der 26 m hohe Felsen aus blendend weißem Kalkstein das Wahrzeichen Vieste. Abends trifft man sich auf den Flaniermeilen der Stadt: Vom Corso Fazzini mit der Piazza Garibaldi bis zur Piazza Vittorio Emanuele II, wo das deutsch-italienische Ladenschild »Calzolaio« – »Schuster« von Herrn Vergura die Blicke auf sich lenkt. Vor allem bei Sonnenuntergang hat man von der **Marina Piccola** aus einen tollen Blick auf die Abteikirche **San Francesco** an der gleichnamigen Landzunge. Im Stadtkern ist die Kathedrale (**Concattedrale dell'Assunta**) ein schönes Beispiel apulischer Romanik aus dem 11. Jh. Das **Castello** aus der Zeit von Friedrich II. mit dreieckigem Grundriss thront steil über dem Meer und ist heute im Besitz der Marine.
98 km nordöstl. von Foggia

MUSEEN
Museo Malacologico 👫

In dem Museum findet sich in geordneten Vitrinen eine Sammlung von über 1500 Muscheln aus aller Welt.
Via Pola • Sommer tgl. 9.30–12.30, 16–23 Uhr • Eintritt frei

ÜBERNACHTEN
Hotel degli Aranci

Gemütlich wie zu Hause • Modern ausgestattete Zimmer, reichhaltiges

---

MERIAN-Tipp   7

TRABUCCHI   ▶ S. 111, F 2

An der Küste zwischen Vieste und Peschici kann man 14 historische Trabucchi bestaunen. Diese überwiegend aus Holz bestehenden Pfahlbauten wurden einst zum Fischfang genutzt – die antike Technik soll von den Phöniziern stammen. Heute sind die wenigsten noch in Betrieb, zu einigen haben sich kleine Fischrestaurants gesellt. In Vieste lässt sich der **Trabucco Punta Santa Croce** gut von der Straße aus einsehen. Der vom WWF verwaltete **Trabucco San Francesco** ist auch während des Betriebs besichtigen.
Infos unter www.parcogargano.it

Frühstück und sehr gute Menüauswahl. Zum Strand sind es nur 250 m zu Fuß oder mit dem Shuttleservice.
Pizza Santa Maria delle Grazie 10 • Tel. 08 84/70 85 57 • www.hotel aranci.it • 121 Zimmer • €€€

ESSEN UND TRINKEN
Al Trabucco

Geschmack des Meeres • Ein sehr steiler Weg führt zum Restaurant hinunter, das sich neben einem Trabucco in spektakulärer Lage direkt über dem Meer befindet. Gute lokale Küche mit frisch gefangenem Fisch.
Parco Monte Pucci, SS 89 nach Peschici • Tel. 3 45/8 93 31 51 • €€

SERVICE
AUSKUNFT
Ufficio Informazioni

Piazza J. F. Kennedy • Tel. 08 84/ 70 88 06

Terra di Bari
Die Region um Bari, das wirtschaftliche und kulturelle Zentrum Apuliens, besitzt unzählige Kathedralen und Burgen – und über allem thront das Castel del Monte, das Symbol Apuliens schlechthin.

◄ Direkt hinter dem alten Hafen liegt das Stadtviertel Bari Vecchia (▸ S. 48) – ein Labyrinth kleiner Gassen.

Gargano und Tavoliere

Terra di Bari

Brindisi und Taranto

Salento

Die dynamische Hafenstadt **Bari** liegt direkt an der Adria. Nördlich und südlich der Hauptstadt Apuliens verläuft die Küste geradlinig und wird selten von steilen Klippen unterbrochen. Das Meer ist sehr sauber, und die lebhaften Hafenstädte verfügen über frei zugängliche Strandbäder. Von der Küste bis ins Landesinnere wechselt die Landschaft zwischen unendlich scheinenden Olivenhainen und felsigen, kahlen Hügeln. Es ist eine kontrastreiche Gegend: von den faszinierenden Mondlandschaften auf dem Hochplateau der **Murgia** im Nationalpark dell'Alta Murgia bis hin zu den **Grotten von Castellana** mit ihrem großartigen Höhlensystem. Die vielfältige Region ist reich an Kultur- und Kunstschätzen, unter denen natürlich besonders das **Castel del Monte** hervorsticht, das architektonische Meisterstück Friedrich II., das von einer jahrhundertealten Geschichte geprägt ist. In Bari ist diese Vergangenheit durch die Verehrung des Stadtpatrons San Nicola noch heute lebendig.

Bari ▸ S. 115, D 10/11

365 000 Einwohner
Stadtplan ▸ Klappe hinten

Zum Meer haben die Baresi eine besondere Beziehung: Zu jeder Jahreszeit sind die Strandpromenaden der Stadt voll von Sonnenhungrigen – und von leidenschaftlichen Anglern, denn die Baresi verzichten nur ungern auf ihr Fischgericht, vor allem nicht am Sonntag! In den Sommermonaten ist der freie Stadtstrand »Pane e Pomodoro« deshalb auch an Werktagen gut besucht. Nähert man sich vom Meer aus der Stadt Bari, bilden die weiße **Basilika San Nicola** und der kilometerlange **Lungomare** einen faszinierenden Anblick.

Die Hauptstadt Apuliens ist eine dynamische Metropole, und nicht nur am Hafen, der eine wichtige Position im Fährverkehr zwischen Venedig und dem östlichen Mittelmeer hat, herrscht reges Treiben. Auch im modernen **Murat-Viertel** außerhalb der alten Stadtmauern oder in der sanierten Altstadt, wo sich inzwischen eine lebhafte Szene entwickelt hat, sprüht das Leben.

Vorbei ist die Zeit, als Bari für seine hohe Kriminalitätsrate berühmt und berüchtigt war. Heute kann man auch in der verschachtelten Altstadt sorglos spazieren gehen. Die Baresi gelten als tüchtig und werden wegen ihres ausgeprägten Geschäftssinns geschätzt: Man bezeichnet sie auch als »Mailänder des Südens«, und so ist es kein Zufall, dass die Fiera del Levante, die wichtigste Messe Süditaliens, in Bari stattfindet.

Schon seit ihrer Frühzeit war die Hafenstadt an der Adria aber auch ein wichtiges Handelstor zum Orient. Aus dem Osten stammt ebenso ihr Stadtpatron San Nicola, der zweimal im Jahr, vom 7. bis zum 9. Mai und am 6. Dezember, gefeiert wird. Die

Ursprünge der geschäftlichen Beziehungen zum Morgenland verlieren sich jedoch in grauer Vorzeit.

Die heutige Stadt entwickelte sich aus einer prähistorischen Siedlung der Peuketier, die bereits im 3. Jh. v. Chr. zum römischen Munizipium mit eigenem Münzrecht wurde. Nach dem Fall des römischen Kaiserreichs geriet die Stadt in die Hände der Langobarden, und zwischen 847 und 871 war sie nach der Besetzung durch die Sarazenen arabisches Emirat. Die Byzantiner eroberten diesen wichtigen Verkehrsknotenpunkt im Jahr 876 und setzten hier ihren Statthalter für ganz Süditalien ein. 1071 übernahm der Normannenherzog Robert Guiscard die Stadt. Im 10. und 11. Jh. erlebte sie ihren großen Aufschwung durch den regen Seehandel einiger Kaufmannsfamilien. Friedrich II. würdigte Bari durch den Bau des **Castello Normanno Svevo**. Nach dem Untergang der Staufer regierten die Anjous, die Aragonier und die Bourbonen: Spuren dieser vielfältigen Geschichte findet man überall in der Stadt.

SEHENSWERTES
Bari Vecchia ③

▶ Klappe hinten, c/d 1–4

Die Altstadt Baris erstreckt sich auf einer Landzunge. Das malerische Viertel mit seinen Bögen, Hinterhöfen, Gassen und Sackgassen ist ein kleines Labyrinth. In der Altstadt sind die Außenwände traditionell kalkweiß gestrichen, und die Gasse vor der Haustür wird jeden Morgen wie selbstverständlich von den Anwohnern mitgewischt, als wäre sie Bestandteil der eigenen Wohnung. An vielen Ecken entdeckt man kleine gepflegte Kapellen, welche die tiefe

Religiosität der Baresi bezeugen. Die an den Fensterläden hängenden handgeflochtenen Weidenkörbe werden gebraucht, um die »polipi« (Kraken) zusammenzurollen – eine Spezialität der Bareser Küche!

Dem Castello Normanno Svevo gegenüber – in der Nähe des Arcobasso – sitzen immer einige Frauen auf der Straße vor ihren Haustüren. Zu zweit bereiten sie auf einem Holzbrett »orecchiette« zu, die typische Nudelsorte, die an kleine Öhrchen erinnert. Sobald sie den Nudeln ihre Form gegeben haben, lassen sie diese auf einem Netz trocknen: Erst danach sind sie käuflich zu erwerben.

Den Verdacht, dass dies alles nur wegen der Touristen inszeniert wird, bekommt man schon ein wenig, aber sobald man sich mit den Damen unterhält, versteht man, dass dies auch zu den echten Traditionen der Stadt gehört. Sie haben schon als junge Mädchen damit angefangen und können die Nudeln inzwischen mit geschlossenen Augen anfertigen. Am Abend wird die Altstadt Schauplatz der lokalen Movida: Restaurants und Bars sind, vor allem im Sommer, bis spät in der Nacht prall gefüllt.

Basilica di San Nicola

▶ Klappe hinten, d 3

An der Strada del Carmine liegt das Wahrzeichen der Stadt und große Vorbild der apulischen Romanik: die Wallfahrtskirche San Nicola. Im Jahr 1087 wurden die Gebeine des frühchristlichen Märtyrers Nikolaus von 62 apulischen Seeleuten im türkischen Myra geraubt und nach Bari geschafft. Der Bau der Kirche zu Ehren des Schutzheiligen der Kinder, Seefahrer und unverheirateten Mädchen begann noch im selben

Jahr und sorgte für einen profitablen Pilgerstrom in die Stadt. Seit der Einweihung der Kirche 1197 lebt Bari in Symbiose mit seinem Schutzpatron. Auf dem weiten Platz vor der Basilika, wo sich alle Baresi das Jawort geben möchten, wird man vom weißen Kalkstein der Fassade fast geblendet. Von zwei massiven Türmen eingerahmt wird die Front durch zwei Lisenen dreigeteilt. Sehr beeindruckend muss die damals mit bunten Mosaiken dekorierte, seewärts gerichtete zweite Fassade auf die ankommenden Seefahrer gewirkt haben!

Im dreischiffigen Inneren befindet sich der als **Cattedra d'Elia** bekannte Bischofsstuhl aus dem 12. Jh. Zwei groteske Trägerfiguren halten ihn, unterstützt von einem Pilger. Wunderschön präsentiert sich auch die Decke aus vergoldetem Holz von Carlo Rosa (1661). In der **Krypta** mit

den sterblichen Resten des San Nicola tragen 28 verschiedene Säulen die Kreuzgewölbe und hinterlassen einen unvergesslichen Eindruck.
Largo Abate Elia 13 • Mo–Sa 7–20.30, So 7–22 Uhr

Castello Normanno Svevo

▶ Klappe hinten, c 3

Die eindrucksvolle Festungsanlage war ursprünglich eine byzantinischnormannische Burg, die der Stauferkaiser Friedrich II. erweitern ließ. Im 16. Jh. wurde das Kastell unter Isabel von Aragon zu einer Renaissanceresidenz mit imposanten Eckbastionen umgestaltet.

In Baris Altstadt (▶ S. 48) kann man Frauen dabei beobachten, wie sie im Freien mit geschicktem Griff aus Pastateig »orecchiette«, die öhrchenförmigen Nudeln, formen.

Die schlichte Formensprache der dreischiffigen Kathedrale San Sabino (▶ S. 50) ist ein typisches Beispiel des apulisch-romanischen Baustils.

Piazza Federico II di Svevia • Do–Di 8.30–19 Uhr • Eintritt 3 €, Ausstellungen 5 €

Cattedrale San Sabino

▶ Klappe hinten, d 3

Die dreigeteilte Giebelfassade der Kathedrale wird durch eine wunderschöne Fensterrose mit halbkreisförmigen Rahmen geschmückt. Das Vorbild für ihre Erbauung unter Wilhelm II. war die ältere Basilika von San Nicola, die der Normannenkönig Wilhelm I. bei seinem Rachefeldzug 1156 als einzige nicht zerstörte.

Piazza Odegitria 1 • Mo, Di 8–19.30, Mi–Sa 9–13, So 8–14, 16–19.30 Uhr

Murat-Viertel

▶ Klappe hinten, c/d 4–6

Das Viertel ist heute das wirtschaftliche Zentrum von Bari und nach dem Vizekönig von Neapel, Joachim Murat, benannt, der den Bau dieses Quartiers im Jahr 1813 anordnete. Der **Corso Vittorio Emanuele II** trennt die verwinkelte Altstadt von der Neustadt, die mit ihren geradlinigen Alleen an ein Schachbrett erinnert. Am Corso befindet sich das **Teatro Niccolò Piccinni**, das 1854 durch den Maestro Donizetti feierlich eröffnet wurde. Hier fängt die Hauptflaniermeile und einzige Fußgängerzone des Stadtzentrums an: Die **Via Sparano** führt auf die mit Palmen bepflanzte **Piazza Umberto I**, auf die auch der imposante **Palazzo Ateneo**, seit 1923 Sitz der Universität, blickt, und endet an der **Piazza Aldo Moro** am Hauptbahnhof. Auf dieser Achse konzentrieren sich Luxusgeschäfte, elegante Cafés und schöne Gebäude im Jugendstil. Rechtwinklig zum Corso Vittorio Emanuele II erreicht man den **Corso Cavour**, die Hauptstraße des Viertels, wo sich der imposante Palast der **Camera di Commercio** (Handelskammer) und das beeindruckende **Teatro Petruzzelli** befinden.

Porto Vecchio ▸ Klappe hinten, d/e 4
Am Alten Hafen findet täglich der Fischmarkt statt, wo noch heute die Kraken geschlagen werden, damit deren Fleisch weicher wird. Am Samstag kaufen vor allem die Männer »la frutta« ein – gemeint sind Meeresfrüchte. Hier beginnt der Lungomare di Crollalanza, der nach dem Kreisverkehr in den Lungomare Nazario Sauro übergeht. Im Palazzo della Provincia mit dem hohen Uhrenturm befindet sich die **Pinacoteca Provinciale**.

Stadio San Nicola
▸ Klappe hinten, südwestl. a 6

Liebhaber der modernen Architektur sollten das 1990 vom berühmten Architekten Renzo Piano entworfene Stadion nachts gesehen haben: Wenn es beleuchtet ist, wird deutlich, warum es wegen seiner futuristischen Form als »astronave« (Raumschiff) bezeichnet wird.

Strada Torrebella • www.stadiodi.it/san-nicola-bari

MUSEEN
Gipsoteca Provinciale
▸ Klappe hinten, c 3

Für Kunstliebhaber und Neugierige lohnt die Gipsothek einen Besuch. Hier werden 200 Abgüsse bekannter Skulpturen und architektonischer Fragmente von apulischen Denkmälern der römischen Zeit aufbewahrt. Castello Normanno-Svevo, Piazza Federico II di Svevia 4 • Do–Di 8.30–19 Uhr • Eintritt (mit Castello Normanno-Svevo) 3 €, Ausstellungen 5 €

Museo Diocesano
▸ Klappe hinten, d 3

Hier darf man keinesfalls das herrliche, 525 cm lange Exultet, eine aus acht Blättern bestehende Schriftrolle aus Pergament mit Text und Miniaturen aus dem 11. Jh., verpassen. Via Dottula • www.arcidiocesibari bitonto.it • Do, So 9.30–12.30, Sa 9.30–12.30, 16.30–19.30 Uhr • Eintritt frei, Spende erbeten

Pinacoteca Provinciale »Corrado Giaquinto«
▸ Klappe hinten, f 5

Im **Palazzo della Provincia** untergebracht zeigt die umfangreichste Gemäldesammlung der Region ein breites Panorama der apulischen Malerei vom 11. bis zum 20. Jh. Unter anderen sind Gemälde von Giuseppe De Nittis und Corrado Giaquinto ausgestellt. Es sind auch Werke der venezianischen Maler Bellini, Veronese und Tintoretto zu bewundern, welche die enge Verbindung zwischen Apulien und Venedig belegen. Via Spalato 19, Lungomare Nazario Sauro • Di–Sa 9.30–19, So 9.30–13 Uhr • Eintritt 3 €

SPAZIERGANG

Stadtplan ▸ Klappe hinten

Wenn Sie die **Altstadt** 3 einmal anders erleben möchten, laufen Sie die **Via Venezia** entlang, eine selbst an heißen Sommertagen kühle Straße mit perfekt renovierten Häusern. Sie

An die Colonna della Giustizia (▸ S. 52) wurden einst Schuldner gekettet.

folgt dem Weg der alten Stadtmauer über den **Lungomare Imperatore Augusto** und bietet auf der einen Seite den Blick auf das offene Meer, auf der anderen Seite schaut man auf die engen Gassen von Bari Vecchia. Beginnen Sie den Spaziergang auf Höhe des ältesten Stadtteils San Pietro, in der Nähe der **Abtei Santa Scolastica**. Ungefähr nach der Hälfte der Straße öffnet sich ein wunderschöner Blick auf die Apsis der **Basilika San Nicola**, welcher die Fantasie beflügelt und in alte Zeiten zurück-

versetzt. Wenige Schritte weiter gelangen Sie in die Altstadt zur **Piazza Mercantile**, wo die sogenannte Colonna della Giustizia o dell'Infame (»Gerechtigkeitssäule«) steht. Hier wurden zahlungsunfähige Bürger an den Pranger gestellt, während sich die Mächtigen der Stadt im angrenzenden prächtigen Palast **Sedile dei Nobili** trafen. Vor allem abends drängen sich hier die Baresi in den umliegenden Lokalen. Wenn Sie auf der Via Venezia ein paar Meter weiter Richtung Süden vorbei an der halbrunden Apsis der **Chiesa della Vallisa** laufen, befinden Sie sich auf der **Piazza Ferrarese**, wo die Spuren der altrömischen Via Appia Traiana aus dem 2. Jh. wieder ans Tagelicht gebracht wurden. Wenn Sie jetzt den lebhaften Corso Vittorio Emanuele II überqueren, verlassen Sie die Altstadt und begeben sich ins **Murat-Viertel**. Dauer: 2 Std.

ÜBERNACHTEN

Oriente ▸ Klappe hinten, d 5

Für Liebhaber des Jugendstils • Im wunderschönen Palazzo Marroccoli, ganz in der Nähe vom Teatro Petruzzelli. Detailgetreu renoviert und mit wunderschönem Blick aufs offene Meer von der Dachterrasse aus. Corso Cavour 32 • Tel. 0 80/5 25 51 00 • www.orientehotelbari.com • 75 Zimmer • €€€

Palace ▸ Klappe hinten, c 4

Größtes Hotel der Stadt • Majestätisches Frühstück und im Restaurant San Nicola lockt eine Panorama-Dachterrasse. Nur ein paar Schritte von der Altstadt entfernt. Via Francesco Lombardi 13 • Tel. 0 80/ 5 21 65 51 • www.palacehotelbari.it • 196 Zimmer • €€€

ESSEN UND TRINKEN

Bacco ▸ Klappe hinten, c 4

Himmlisch • Sterne-Restaurant mit typischer Bareser Küche: »calamari ripieni di ricotta« (mit Ricotta gefüllte Kalmari) oder »patate e cozze« (Kartoffeln und Miesmuscheln).
Corso Vittorio Emanuele II 126 • Tel. 0 80/5 27 58 71 • www.ristorante bacco.it • Di–So • €€€€

Il Pane e le Rose
▸ Klappe hinten, c 5

Dem Zeitgeist verpflichtet • Im modernen Ambiente werden Rezepte aus der apulischen Tradition neu interpretiert, wie »gnocchetti« mit zartem Thunfisch. Die ausgewählte Weinkarte bietet passende Begleiter.
Via Cairoli 124 • Tel. 0 80/5 23 91 76 • Mo–Sa • €€€

La Locanda di Federico
▸ Klappe hinten, d 3

In mittelalterlichem Ambiente • Eine extrovertierte Regionalküche: unwiderstehlich die »fave e cicoria« (Püree aus Saubohnen und Zichorie) und »orecchiette con cime di rapa« (Stängelkohl, ähnelt dem Brokkoli).
Piazza Mercantile 63–64 • Tel. 0 80/5 22 77 05 • www.lalocandadifederico.com • €€€

EINKAUFEN

Panificio Fiore ▸ Klappe hinten, d 3

Die beste »focaccia« von Bari Vecchia. Im Laden sind auch drei antike Säulen zu bewundern.
Strada Palazzo di Città 38

Traversa e Fratelli
▸ Klappe hinten, d 4

Hier kauft man traditionelle Weidenkörbe und handbemalte Keramik.
Via Vallisa 21

AM ABEND

Barcollo ▸ Klappe hinten, d 3/4

Die besondere Empfehlung der Eisdiele mit Bar: Eis mit einer »crema con buccia di limone« (Creme mit Zitronenschalen).
Piazza Mercantile 69

Teatro Petruzzelli
▸ Klappe hinten, d 5

Das 1991 im Inneren völlig ausgebrannte Gebäude mit seiner prunkvollen roten Fassade wurde inzwischen renoviert und verfügt heute über 1480 Sitzplätze. 1903 wurde das viergrößte Theater Italiens mit der Oper »Die Hugenotten« von Giacomo Meyerbeer eingeweiht.
Via Salvatore Cognetti 8 • Tel. 0 80/9 75 28 10 • www.fondazionepetruzzelli.it • Theaterkasse Mo–Fr 10–13, 17–19.30 Uhr

Teatro Piccinni ▸ Klappe hinten, c 4

Wegen Renovierungsarbeiten zurzeit geschlossen.
Corso Vittorio Emanuele II 84 • www.teatropubblicopugliese.it

WUSSTEN SIE, DASS …

… in Bari im Sommer 2012 das erste Berufsregister für Graffitimaler entstanden ist? Nach der Anmeldung können sich die Künstler an den von der Stadt nur zu diesem Zweck freigegebenen Mauern verewigen.

SERVICE

AUSKUNFT

Agenzia regionale Puglia Promozione ▸ Klappe hinten, d 6

Piazza Aldo Moro 33 a • Tel. 0 80/9 90 93 41 • www.infopointbari.com

VERKEHR
Flughafen
**Aeroporto di Bari-Palese/
Aeroporto Karol Wojtyla**
▸ S. 114, C 9

Bari Palese • Tel. 0 80/5 80 02 00 •
www.aeroportidipuglia.it

Ziele in der Umgebung
◎ **Altamura**   ▸ S. 114, B/C 11
70 000 Einwohner

In Altamura, von Friedrich II. 1230 gegründet, ließ dieser lateinische, griechische und jüdische Gemeinden ansiedeln: ein Beispiel für gelungene Integration. Von 1748 bis 1799 war die Stadt Universitätssitz. Altamura ist aber nicht nur deswegen bekannt: Die Altstadt ist von alten peuketischen Megalithmauern umgeben.

Außerhalb der Stadt kann man den **Pulo** bewundern: Diese 500 m große Doline ist eine der größten Italiens; die ca. 30 m tiefe Schlucht dürfen allerdings nur Speläologen besuchen. Hier war der sogenannte »Altamura-Mann« (»homo arcaicus«) zu Hause: 1993 wurde das komplette Skelett eines Frühmenschen entdeckt, der ungefähr vor 130 000 Jahren gestorben war. Außerdem fand man auch zahlreiche über 70 Mio. Jahre alte Fußabdrücke von Dinosauriern.

Altamura gilt auch als die italienische »Hauptstadt« des Brotes: Überall in der Stadt duftet es danach! Das »pane di Altamura«, das als erstes Lebensmittel das Siegel DOP (Produkt mit geschützter Herkunftsbezeichnung) erhielt, schmeckt vortrefflich und behält tagelang seine Frische. Noch vor wenigen Jahren bereiteten die Frauen den Brotteig zu Hause zu, danach wurde er erst zum Bäcker gebracht und fertig gebacken.

45 km südwestl. von Bari

SEHENSWERTES
Santa Maria Assunta

Die Stadt besitzt die einzige von Stauferkaiser Friedrich II. errichtete Kathedrale. Ihre Fassade ist mit einem großartigen gotischen Portal und einer wunderschönen Fensterrose geschmückt. Im Inneren ist der Chor mit 64 Sitzen und die Krippe von 1587 mit echter Grotte und türkischen Soldaten – eine Erinnerung an die Kreuzzüge – zu bewundern.
Piazza Duomo

MUSEEN
Museo Nazionale Archeologico

Neben Funden aus dem Paläolithikum kann man ein Video über den »Menschen von Altamura« und die Grotte von Lamalunga sehen, wo er entdeckt wurde. Die Fußabdrücke der Dinosaurier befinden sich auf privatem Grund und können leider nicht besichtigt werden.
Via Santeramo 88 • Führungen unter Tel. 3 39/6 14 41 64

ÜBERNACHTEN
I Luoghi di Pitti – Masseria San Giovanni

Alte Kunst und Topdesign • Um die alten Fresken besser betrachten zu können, stehen die Designmöbel in den Zimmern nicht an der Wand. Im Grottenrestaurant dieser Masseria genießt man eine hervorragende Küche und leckere Patisserie.
SP 151, km 5,5 • Tel. 0 80/3 14 00 78 • www.iluoghidipitti.com • 12 Zimmer • €€€€

EINKAUFEN
Panificio Fratelli di Gesù

Hier bäckt man seit 1838 das berühmte Brot von Altamura im Holzofen.
Via Pimentel 17 • www.digesu.it

Sicherlich eines der bekanntesten Fotomotive Süditaliens: Castel del Monte (▶ S. 55), die oktogonale Burg des Staufers Friedrich II., die die UNESCO als Welterbe listet.

AM ABEND

Caffè Ronchi

Die Spezialität des ältesten Kaffee-hauses Apuliens neben der Kathe-drale ist der hausgemachte Likör Padre Peppe aus grünen Walnüssen.
Corso Federico II di Svevia 87

SERVICE

AUSKUNFT

Associazione Turistica Pro Loco Altamura

Piazza della Repubblica 11 • Tel. 0 80/ 3 14 39 30

◎ **Andria**   ▶ S. 114, A 9

100 100 Einwohner

Sehenswert in der von Friedrich II. »fidelis« genannten Stadt ist die ur-sprünglich romanische Kathedrale **Santa Maria Assunta**: In der Krypta sind angeblich Friedrichs Gattinnen Jolanda von Brienne und Isabella von England begraben. In der Alt-stadt gilt die 42 cm breite **Vaglio** als engste Gasse der Welt! Auch die 1387 erbaute Kirche **Sant'Agostino** mit ihrem wunderschönen Hauptportal lohnt einen Besuch.

57 km nördl. von Bari

SEHENSWERTES

Castel del Monte 🔶 ▶ S. 114, A 10

Die imposante achteckige Silhou-ette von Castel del Monte thront inmitten der kahlen Landschaft der Murgia auf einem 540 m hohen Hü-gel. Wollte Friedrich II., der »Puer Apuliae«, mit dem imposanten Bau seine ständige Präsenz bezeugen? Die steinerne »Krone Apuliens«, wie Ferdinand Gregorovius den Bau in seinem Buch »Wanderjahre in Itali-en« bezeichnete, übt heute noch eine magische Anziehungskraft aus: Egal woher man kommt, der Blick wird sich immer wieder auf den berühm-testen Stauferbau Italiens richten.

Mysteriös bleibt allerdings der eigentliche Zweck der Festung, die aus der Ferne als kreisrundes, turmloses Gebäude erscheint und seit dem Jahr 1996 zum UNESCO-Weltkulturerbe zählt. Sie war kein Verteidigungsbau und auch nicht Sitz des Hofes, sie war nicht besonders strategisch gelegen, aber eignete sich optimal für die Falkenjagd – Kaiser Friedrich II. ging leidenschaftlich gerne mit Falken jagen und schrieb ein bis heute unübertroffenes Falkenbuch!

Wahrscheinlich um 1240 erbaut, zelebriert die Burg auf eine einmalige Weise die Zahl Acht: Der Grundriss ist achteckig, sie verfügt über acht Türme, und jede der beiden Etagen enthält acht gleichartige trapezförmige Räume. Auch die Form des Innenhofes spiegelt das Achteckschema wider: Blickt man im Innenhof nach oben, wird dies ganz offensichtlich.

Nach so vielen Jahrhunderten ist das Geheimnis des Kastells aber immer noch nicht gelüftet. Dem »Stupor Mundi« (»Staunen der Welt«), wie seine Zeitgenossen Friedrich II. bezeichneten, lag die liegende Acht als Zeichen für die Unendlichkeit und das kosmische Gleichgewicht am Herzen – achteckig soll auch der Heilige Gral gewesen sein. Der zweistöckige Bau wirkt sehr kompakt, weil es auf jeder Seite nur zwei Fenster gibt. Im nach Osten gerichteten Hauptportal harmonieren gotische, klassische und islamische Architekturelemente miteinander. In den Innenräumen ist von der damaligen Ausstattung nichts mehr zu sehen, außer ein paar Kamine und Wasserleitungen. Das Kastell wurde von Karl I. von Anjou in ein Gefängnis verwandelt, wo er drei Enkel Friedrich II. über mehrere Jahrzehnte einsperren ließ.

Andria • www.proloco.andria.ba.it/ casteldelmonte.php • März–Sept. 10.15–19.45, Okt.– Feb. 9.15–18.45 Uhr • Eintritt 5 €

MUSEEN

Museo del Confetto 👫

Im Dragée-Museum der historischen Fabrik Mucci werden seit 1894 Dragées, Schokolade und Bonbons hergestellt – unter anderem die Tenerelli mit ihrer cremigen Füllung. Via Gammarrota 12 • www.confetti mucci.com • Mo–Sa 8.30–13, 17–21 Uhr • Eintritt 2 €

ÜBERNACHTEN

B & B Palazzo Ducale

Im Altstadtkern • Mit schönen Antiquitäten und doch modern eingerichtet, mit Fahrradverleih. Via Vaglio 30 • Tel. 08 83/88 42 76 • www.bbpalazzoducale.it • 5 Zimmer, 2 Apartments • €€

ESSEN UND TRINKEN

Osteria Antichi Sapori

Frisch aus dem Gemüsegarten • Der Wirt Pietro Zito schwört auf Traditionsgerichte der lokalen bäuerlichen Küche, wie Karden mit Ziegenkäse. Montegrosso di Andria, Piazza Sant'Isidoro 9 • Tel. 08 83/56 95 29 • www.pietrozito.it • Mo–Fr, Sa nur abends • €€€

SERVICE

AUSKUNFT

Associazione Turistica Pro Loco Andria

Via Vespucci 114 • Tel. 08 83/59 22 83 • www.proloco.andria.ba.it

Ufficio Informazioni e Accoglienza Turistica (I.A.T.)

Piazza Catuma • Tel. 08 83/29 02 93

◎ Barletta   ▶ S. 114, A 9

94 500 Einwohner

Bekannt ist die Hafenstadt heute noch wegen der »Disfida di Barletta« (»Genugtuung von Barletta«): 1503 hatten französische Ritter die italienische Tapferkeit angezweifelt, doch diese besiegten die Franzosen im folgenden Kampf. Symbol der Stadt ist aber der **Koloss**. Es handelt sich um eine über 5 m hohe Bronzestatue, die in Konstantinopel gefertigt wurde. Sie steht links neben der Kirche **Santo Sepolcro** und stellt wohl den byzantinischen Kaiser Valentinian I. dar.

64 km nördl. von Bari

MUSEEN

Pinacoteca De Nittis

Dem berühmtesten Sohn der Stadt, dem Impressionisten Giuseppe De Nittis (1846–1884), ist eine Gemäldesammlung im Palazzo Marra gewidmet, wo auch das Bild »Colazione in giardino« ausgestellt ist.

Palazzo Marra, Via Cialdini 74 • Di–So 10–20 Uhr • Eintritt 4 €

SERVICE

AUSKUNFT

Ufficio Informazioni e Accoglienza Turistica (I.A.T.)

Corso Garibaldi 208 • Tel. 08 83/ 53 15 55

◎ Bisceglie   ▶ S. 114, B 9

55 000 Einwohner

Die Stadt, die unter den Normannen ihre Blütezeit erreichte, ist wichtiger Ausgangspunkt für Archäologieinteressierte: Nur 5 km außerhalb der Stadt, in Richtung Corato, steht in der Ortschaft Chianca in einem Olivenhain der gut erhaltene **Dolmen della Chianca** (ausgeschildert).

38 km nördl. von Bari

MERIAN-Tipp   **8**

GROTTE DI CASTELLANA 👫
▶ S. 115, E 11

Zu den beliebtesten Sehenswürdigkeiten Apuliens gehören die Höhlen von Castellana: Das größte Höhlensystem Italiens wurde bereits im 18. Jh. entdeckt, aber erst 1938 durch Franco Anelli erforscht. Die zauberhaften Tropfsteinhöhlen in 70 m Tiefe haben sich dank des Karstgesteins gebildet. Das Regenwasser hat den Boden mit Leichtigkeit durchdrungen und Stalagmiten und Stalaktiten geformt. Den großartigen Komplex darf man auf zwei geführten Wanderungen erkunden. Die erste Führung (1 km) hat die **Caverna del Precipizio** zum Ziel. Die letzte Station der zweiten Führung (3 km) ist die berühmte **Grotta Bianca** (Weiße Grotte), die wegen ihrer alabasterfarbenen Kristalle als eine der schönsten Höhlen der Welt gilt. Der Einstieg erfolgt über die **Grotte Grave**: Sie ist 60 m tief, 50 m breit und 100 m lang. In ihrer Mitte thront die Stalagmitengruppe »Ciclopi« (»Zyklopen«). In den Grotten beträgt die Temperatur konstant 15 °C (warme Jacke und rutschfeste Schuhe mitnehmen!).

Castellana Grotte, Piazzale Anelli • www.grottedicastellana.it • Mitte Jan.–Mitte März, Nov., Dez. 9.30– 12.30, Mitte März–Ende März, Okt. 9.30–16.30, April–Mitte Juli, Sept. 9–19, Mitte Juli–Aug. 9–20 Uhr • Eintritt kurze Füh... 10 €, lange Führu... ca. 50 Min. bzw. 2... 42 km südwestl. vo...

EINKAUFEN

Azienda Vinicola Torrevento

Probieren Sie in der Klosteranlage aus dem 18. Jh. Weine aus einheimischen Rebsorten, wie beispielsweise den Rotwein Vigna Pedale Castel del Monte DOC Riserva.

Corato, SP 234, km 10,6 • www.torrevento.it

◎ Monopoli   ▸ S. 115, F 10

49 700 Einwohner

In der von einer Wehrmauer umgebenen Altstadt herrscht eine quirlige Atmosphäre. Vor allem an sommerlichen Abenden sind Plätze und Gassen der Küstenstadt, die mit dem Namen des Brettspiels Monopoly nichts zu tun hat, voll von Menschen, die hierherkommen, um in einem der vielen guten Lokale zu speisen.

45 km südl. von Bari

SEHENSWERTES

Madonna della Madia

In der 1107 gegründeten und im 18. Jh. komplett neu erbauten Kathedrale kann man wertvolle Gemälde, unter anderem von Carlo Rosa und Palma dem Jüngeren, bewundern.

Piazza Manzoni • www.cattedrale monopoli.net • Sommer 8–19, Winter 8–18 Uhr

ESSEN UND TRINKEN

Trattoria Pierino l'Inglese

Rustikal und lecker • Hausgemachte lokale Küche mit viel Fisch, wie die »frittura mista«. In der schönen Saison isst man draußen auf der Straße, oft muss man mit langen Schlangen rechnen. Im Sommer wird eine Reservierung empfohlen.

...ia Amalfitana 14 • Tel. 0 80/9 30
...2 • www.trattoriapierinolinglese.
...i–So • €€

WUSSTEN SIE, DASS …

… in Apulien insgesamt 79 Menhire (große Monolithen) und 23 Dolmen (Grabstätten der Megalithkultur) gezählt wurden?

SERVICE

AUSKUNFT

Associazione Turistica Pro Loco Monopoli

Via Garibaldi 12 • Tel. 0 80/4 14 02 64

◎ Polignano a Mare

▸ S. 115, F 10

18 000 Einwohner

Spektakulär ruht die Stadt auf einem 24 m hohen, steilen Felsen und ragt, fast wie im Märchen, aus der Adria. Einige der verwinkelten Gassen zwischen den weißen Häusern führen direkt an die Steilküste: Hier hat man von verschiedenen Panoramaterrassen aus einen herrlichen Blick auf das Meer und die durch karstige Grotten zerklüftete Felsenküste. Die Einheimischen schöpfen auch heute noch mit Eimern über Flaschenzüge Wasser aus dem Meer, um Fisch und Muscheln in Salzwasser zu waschen. Auf dem Hauptplatz, der Piazza Vittorio Emanuele, befindet sich die Kirche **Matrice di Santa Maria Assunta** (13. Jh.). Unter der altrömischen Brücke an der antiken Via Traiana gibt es Treppen, die zum freien Stadtstrand mit türkisblauem Wasser führen: Polignano, wie auch Monopoli, hat 2012 die Blaue Flagge für seine sauberen Strände erhalten. Von der Piazza Domenico Modugno – mit der Statue des berühmten Sängers von »Volare« – erreicht man über Treppen die Felsen über dem Meer, von denen aus man ins Wasser springen kann.

35 km südl. von Bari

ÜBERNACHTEN

Borgobianco Resort & SPA

Vornehm und traditionell • In sehr ruhiger Lage ca. 6 km außerhalb der Stadt und von Olivenhainen umgeben. Man frühstückt auf der Terrasse mit Blick auf die Adria und genießt Entspannung pur im Wellnessbereich mit Innen- und Außenpools. Contrada Casello Cavuzzi • Tel. 0 80/ 8 87 01 11 • www.borgobianco.it • 48 Zimmer • €€€€

ESSEN UND TRINKEN

La Locanda dell'Abbazia

Einmalige Klosterküche • Fischspezialitäten für jeden Geschmack kommen in einem Reitstall der alten Abtei auf den Tisch. Der »antipasto misto« aus fünf bis sechs Gängen ist für zwei Personen gedacht. Contrada San Vito 193/A • Tel. 0 80/4 26 56 97 • www.locandadell abbazia.it • €€€

AM ABEND

Il Super Mago del Gelo

Unwiderstehliches Eis mit Kaffeegeschmack und Sahne sowie »granite« aus frischem Obst. Piazza Giuseppe Garibaldi 22 • www. mariocampanellailsupermagodelge lo.it • Di–Fr, So 6–2.30, Sa 6–4 Uhr

◎ Ruvo di Puglia   ▶ S. 114, B 10

26 000 Einwohner

Ruvo di Puglia ist Teil des Parco Nazionale dell'Alta Murgia und bekannt für sein Olivenöl. Wahrzeichen der Stadt ist die romanische Kathedrale **Santa Maria Assunta**, die unter dem Straßenniveau liegt. 40 km westl. von Bari

SEHENSWERTES

Parco Nazionale dell'Alta Murgia 🏃🏃

Der Nationalpark Alta Murgia, der 2004 gegründet wurde, erstreckt

Boote im Hafen von Monopoli (▶ S. 58), die auf ihren Einsatz warten. Sehenswert ist in der Altstadt vor allem die Kathedrale mit ihren kostbaren Gemälden.

San Nicola Pellegrino (▸ S. 61), die im 13. Jh. vollendete Kathedrale von Trani, ist ein Meisterwerk der romanischen Baukunst. Sie erhebt sich direkt am Ufer der Adria.

sich über fast 70 000 ha und umfasst 13 Gemeinden – unter anderem Altamura, Andria (mit Castel del Monte) und Ruvo di Puglia. Der Park ist das größte steppenartige Gebiet Westeuropas – nicht zufälligerweise bedeutet »murgia« »unfruchtbarer Boden«. Der zweite Nationalpark Apuliens dient nicht nur dem Schutz des Ökosystems, sondern versucht auch die wirtschaftlichen und historischen Bedingungen in Einklang mit einer umweltverträglichen Entwicklung der Region zu bringen. Im Park befinden sich auch viele Masserie, deren Ursprung in dieser Gegend auf das 15. Jh. zurückreicht.

Officina del Piano, Via Valle Noè 5, Ruvo di Puglia • Tel. 0 80/3 61 34 43 • www.parcoaltamurgia.it

Santa Maria Assunta

Die Fassade der Kathedrale in der Form einer Hütte ist durch drei Portale unterteilt – das Hauptportal wird von Fabeltieren und geduckten Menschlein getragen. In einem unterirdischen Bereich kann man Reste aus dem Neolithikum, römische und urchristliche Mosaiken sowie kreisförmige Pilaster und Apsiden einer ehemaligen Kirche bewundern.

Piazza Cattedrale • tgl. 8–12, 16–20 Uhr

MUSEEN

Museo Nazionale Jatta

In vier Sälen sind mehr als 2000 perfekt erhaltene archäologische Funde ausgestellt, die Giovanni Jatta bereits im 19. Jh. leidenschaftlich sammelte. Das Prunkstück unter den vielen antiken Keramikvasen und Trinkbechern (6.–3. Jh. v. Chr.) ist die Vase des Talos: ein attischer Krater, auf dem der Tod des mythischen Wächters von Kreta abgebildet ist.

Piazza Bovio 35 • Mo–Mi, So 8.30–13.30, Do, Sa 8.30–19.30 Uhr • Eintritt frei

SERVICE

AUSKUNFT

Associazione Turistica Pro Loco Ruvo di Puglia

Tel. 0 80/3 61 54 19 • www.proloco ruvodipuglia.it

◎ Trani   ▸ S. 114, A 9

54 000 Einwohner

Die wunderschöne Kathedrale **San Nicola Pellegrino** prägt das Bild des Hafens von Trani. Die »Königin der Kathedralen« sollte man am besten bei Sonnenuntergang erleben, wenn das von der sinkenden Sonne beleuchtete weiße Gestein in leuchtendem Rosa und Orange erstrahlt. Noch eine Zeit lang danach glüht das Gebäude vom gespeicherten Licht – kein Wunder, dass Einheimische und Touristen abends zuhauf den Lungomare füllen.

Sehr charakteristisch für die Altstadt ist das jüdische Viertel **Giudecca**. Hier gab es im Mittelalter vier Synagogen, die später in christliche Gotteshäuser umgewandelt wurden. Eine davon ist die erst vor Kurzem renovierte Kirche **Sant'Anna**. Es lohnt sich auch ein Spaziergang auf der Via Zanardelli, um mitten im Hafen in einem der vielen Lokale ein Glas Moscato di Trani, des herbaromatischen Dessertweins aus der Gegend, zu probieren.

51 km nördl. von Bari

SEHENSWERTES

Castello Svevo

Gegenüber der Kathedrale San Nicola Pellegrino befindet sich das Castello Svevo, das von Friedrich II. um 1230 gebaut wurde. Die Anlage mit den drei mächtigen Türmen wurde später komplett umgebaut: Lange Jahre diente das Kastell als Gefängnis.

Piazza Federico II di Svevia • www.castelloditrani.beniculturali.it • tgl. 8.30–19.30 Uhr • Eintritt 3 €

San Nicola Pellegrino

Genauso wie die Basilika San Nicola in Bari wurde die Kathedrale errichtet, um die Reliquien eines Heiligen aufzubewahren – eines jungen griechischen Pilgers namens Nikolaus, der 1094 vor der ehemaligen Kirche Santa Maria verstarb und unverzüglich heiliggesprochen wurde: So kam auch Trani zu seinem San Nicola!

Das Bauwerk, das auf den Fundamenten der zwei älteren Kirchen San Leucio und Santa Maria errichtet wurde, ist ungewöhnlich hoch für eine romanische Kathedrale – die Krypta liegt eigentlich in Höhe der Straße. Zum Hauptportal gelangt man über eine Doppeltreppe: Das wunderschöne Bronzeportal von Barisano da Trani von 1180 wird seit der Restaurierung im Inneren der Kirche aufbewahrt. Das Gebäude wird durch zwei Reihen Doppelsäulen in drei Schiffe geteilt.

Piazza Duomo • tgl. 9–20 Uhr

ESSEN UND TRINKEN

Torrente Antico

Rustikal und traditionell • Küche aus saisonalen Zutaten im Altstadtkern. Probieren Sie »tortino di lampascioni« (Salztorte aus Zwiebeln) und die vielfältigen Fischgerichte.

Via Edoardo Fusco 3 • Tel. 08 83/48 79 11 • Di–Sa, So nur abends • €€€

SERVICE

AUSKUNFT

Ufficio Informazioni e Accoglienza Turistica (I.A.T.)

Piazza Trieste 10 • Tel. 08 83/ 58 88 30

Brindisi und Taranto Im Herzen

Apuliens schmücken weiß gekalkte Städte und eine
Vielzahl malerischer Trulli die sanft-hügelige Landschaft.
Höhepunkte sind die Höhlenkirchen von Mottola.

◄ Wie eine Legion von Zipfelmützen reihen sich die Trulli in Alberobello (► S. 66) im Itria-Tal dicht aneinander.

Gargano und Tavoliere

Terra di Bari

Brindisi und Taranto

Salento

Zwischen den beiden Hafenstädten **Brindisi** und **Taranto**, welche schon in der Antike die Geschichte dieser Region zwischen Adria und dem Ionischen Meer prägten, erstreckt sich die **Valle d'Itria**. In diesem Tal werden noch heute Olivenhaine, Obstgärten und Weinreben durch typische Trockenmauern aus Stein gesäumt. Aus den gleichen Steinen bestehen auch die weltbekannten **Trulli**, deren runde Dächer hier und da aus der grünen Landschaft ragen. Typisch für diese Gegend sind aber auch die **Masserie**: Einst selbstständige Zitadellen, werden sie heute oft als Sommerhäuser genutzt oder zu exklusiven Resorts umgebaut. Auch einige der faszinierendsten Höhlensiedlungen Apuliens und die schönsten Schätze der Magna Grecia, des griechischen Erbes der Region, gilt es hier zu entdecken.

Brindisi ► S. 117, F 15

89 800 Einwohner
Stadtplan ► S. 65

Oft wird die Hafenstadt an der Adria nur als Ausgangsort zur Einschiffung nach Griechenland und in die Türkei wahrgenommen. Damit verschenkt man aber die Gelegenheit, eine lebendige Stadt zu besuchen, wo einst die von Capua ausgehende römische Verkehrsachse der **Via Appia** endete. Auch die von Kaiser Traian erbaute Straße **Via Traiana** führte über Bari und Egnazia bis zum Hafen von Brindisi. Beide Straßen waren wesentliche Verbindungswege für die Hafenstadt, die schon immer als Tor zum Orient galt. Um 1900 existierte

sogar eine Schiffsverbindung Brindisi–Bombay. Seinen Namen verdankt die Stadt höchstwahrscheinlich der bizarren Form ihres Hafens: Mit seinen Buchten, dem Seno di Ponente und dem Seno di Levante, ähnelt der natürliche Hafen einem Hirschkopf (in der Sprache der Messapier »brunda«).

SEHENSWERTES

Castello Aragonese ► S. 65, d 1/2

Das Kastell auf der Insel Sant'Andrea am Hafen wurde 1481 von den Aragoniern errichtet und wird wegen des für den Bau verwendeten roten Steins »carparo« auch Castello Rosso oder Castello di Mare genannt.
Isola Sant'Andrea, Diga Punta Riso • Mo 9–13 Uhr, Sa Führungen nur nach Voranmeldung • Eintritt frei

Castello Svevo ► S. 65, b 2

Das Kastell befindet sich in strategischer Lage am nordwestlichen Ende der Altstadt am Seno di Ponente. Das heute von der italienischen Marine verwaltete Stauferkastell, wo 1943/44 König Vittorio Emanuele III unter dem Schutz der Alliierten residierte, wird auch Castello Grande oder Castello di Terra genannt.
Via dei Mille • Mo–Do 9–16 Uhr • Besichtigung nur nach Voranmeldung unter Tel. 08 31/64 20 02 • Eintritt frei

Colonna Romana ▸ S. 65, d 1

Am Hafen findet man als einzige Erinnerung an die Antike eine Säule, die wohl das Ende der Via Appia markierte. Damals gab es auch eine Zwillingssäule, die 1528 – nachdem sie umgestürzt war – auf die Piazza Sant'Oronzo in Lecce versetzt wurde.
Via Regina Margherita

Duomo ▸ S. 65, c 2

Nahe der römischen Säule erstreckt sich der Domplatz mit der ursprünglich im romanischen Stil errichteten Kathedrale, auch Basilica della Visitazione e San Giovanni Battista genannt, die im 18. Jh. bei einem Erdbeben zerstört und barock neu erbaut wurde. Es sind noch die Reste eines Mosaikbodens von 1178 übrig geblieben, und man fragt sich, ob hier der gleiche Künstler tätig war, der auch das berühmte Mosaik von Otranto anfertigte. Sehr schön ist der Chor aus Nussbaumholz (15. Jh.). Auf den Platz blickt das sogenannte Portico dei Templari – eine Loggia mit zwei Bögen aus dem 12./13. Jh.
Piazza Duomo • www.cattedrale brindisi.it • Mo–Fr, So 7.30–21, Sa 7.30–24 Uhr

Santa Maria del Casale ▸ S. 65, nördl. b 1

Geometrische Muster aus verschiedenfarbigen Steinen schmücken die Fassade der etwas außerhalb gelegenen herrlichen Kirche, die Philipp von Anjou, Fürst von Tarent, Ende des 13. Jh. erbaute. Die Innenwände sind mit byzantinisch anmutenden Fresken bemalt – darunter ein raffiniertes »Jüngstes Gericht« (14. Jh.), vermutlich von Rinaldo da Taranto.
Via Ruggero De Simone 1 • www. santamariadelcasale.net

MUSEEN
Museo Archeologico Ribezzo ▸ S. 65, c 1

Das interessanteste Exponat ist eine Bronzestatue aus dem 2. Jh. v. Chr., die Lucius Emilius Paulus, den Sieger von Pidna in Makedonien, abbildet. Sie wurde 1992 im Meer vor der Punta Serrone bei Brindisi entdeckt.
Piazza Duomo 7 • Di–Sa 9.30–13.30, Di 15.30–18. 30 Uhr • Eintritt frei

SPAZIERGANG
Stadtplan ▸ S. 65

Dieser Altstadtbummel beginnt an der **Colonna Romana** am Hafen. Laufen Sie wenige Schritte weiter südwestlich, gelangen Sie zur **Piazza del Duomo**. Auf den Dom, wo Friedrich II. Jolanda von Brienne heiratete, blickt auch die wunderschöne Loggia mit zwei Bögen, **Portico dei Templari** genannt. Neben dem Dom sehen Sie das **Archäologische Museum**.
Vom Domplatz laufen Sie die Via Tarantini entlang bis zur Kreuzung mit der **Via Lauro**, wo Sie nach wenigen Metern links in einer kleinen Seitenstraße ein Hinweisschild zu **San Giovanni al Sepolcro** finden. Hier bestaunen Sie das Nordportal der runden Kirche, die Templer im 11. Jh. erbauen ließen. Sie gehen die Via Lauro weiter geradeaus, bis Sie auf die Via Fornari stoßen. Hier biegen Sie rechts ab und nehmen direkt die erste Straße wieder rechts. In dieser Straße, der **Via San Benedetto**, befindet sich links die gleichnamige romanische Kirche mit schönem Reliefschmuck. Dem Straßenverlauf weiter folgend überqueren Sie die Via Santa Barbara, um sich anschließend links auf die Via Madonna della Neve zu begeben. Diese geht in die Via Castello über, wo Sie an der Kreu-

zung mit der Via della Libertà rechts abbiegen: Von hier aus können Sie schon von Weitem das **Castello Svevo** am Seno di Ponente bewundern. Dauer: 1,5 Std.

ÜBERNACHTEN

Grande Albergo Internazionale

► S. 65, d 1

Klassischer Komfort • Das Hotel logiert in einem historischen Gebäude nur 10 m vom Meer entfernt; elegantes Ambiente mit Fresken und antiken Möbeln.

Lungomare Regina Margherita 23 • Tel. 08 31/52 34 73 • www.albergo internazionale.it • 67 Zimmer • €€€

ESSEN UND TRINKEN

Pantagruele

► S. 65, d 2

Traditionelle Küche • Nur ca. 100 m vom Hafen entfernt werden Gerichte nach apulischer Tradition wie »strascinate con ragù di polpo« (Nudeln mit Krakenragout) serviert.

Via Salita di Ripalta 1–3 • Tel. 08 31/ 56 06 05 • Di–Sa, So nur mittags • €€€

AM ABEND

Nuovo Teatro Verdi ▶ S. 65, c 2

Das futuristische Gebäude erhebt sich wie ein Pfahlbau über antiken römischen Resten. Es verfügt über 995 Sitzplätze und ist eine der größten Bühnen Italiens.
Via Santi 1 • Tel. 08 31/56 25 54 • www.fondazionenuovoteatroverdi.it

SERVICE

AUSKUNFT

Ufficio Informazioni e Accoglienza Turistica di Brindisi (I.A.T.) ▶ S. 65, d 1

Lungomare R. Margherita 44 • Tel. 08 31/52 30 72

FLUGHAFEN

Aeroporto di Brindisi Papola-Casale ▶ S. 65, nördl. a 1

Strada per Baroncino • Tel. 08 31/ 4 11 72 08 • www.aeroportidipuglia.it

Ziele in der Umgebung

◎ **Alberobello** 5 ▶ S. 115, F 11
11 000 Einwohner

Mitten im Itria-Tal liegt umgeben von Oliven- und Mandelbäumen und gesäumt von Weinbergen die Hauptstadt der **Trulli**, die seit 1996 zum UNESCO-Weltkulturerbe gehört. Und trotz des stetigen Ansturms der Touristen lohnt die Stadt immer einen Besuch: Auf dem Land stehen die typischen Bauernhäuser meist isoliert, aber hier wurden die Trulli derart miteinander verbunden, dass ein noch heute märchenhaftes Stadtbild entstanden ist.

In den Stadtteilen **Monti** und **Aia Piccola** bestehen ganze Gassen aus diesen Häusern mit der kegelartigen Kuppel, deren Bauweise auf das 16. und 17. Jh. zurückgeht. Selbst die Kirche **Sant'Antonio** wurde in Trullo-Form gebaut! Ein Trullo besteht

»Città Bianca«: Die weiß gekalkten Häuser geben Ostuni (▶ S. 68) ihren Beinamen. Das Gewirr von Gassen und Treppen in der Altstadt ist besonders pittoresk.

concetta, via Monte san Michele

37

---

aus Wohn- und Schlafraum, Vorratskammer und Stall. Sein Grundriss ist viereckig, und während die Mauer in Trockenbauweise errichtet und mit weißem Kalk gestrichen wird, ist die Kuppel mit dunkelgrauen Steinziegeln, den »chiancarelle«, bedeckt. Auf den Dächern sind zusätzlich Symbole mit weißer Farbe aufgemalt, die den Trullo und seine Bewohner beschützen sollten. Die kuriosen Zinnen auf den Dachspitzen sollten die Verbindung zwischen Mensch und Himmel symbolisieren. Unbedingt ansehen muss man den **Trullo Sovrano**, den größten von Alberobello, und den **Trullo Siamese**, aus zwei miteinander verbundenen Trulli.

78 km nordwestl. von Brindisi

ÜBERNACHTEN
Grand Hotel La Chiusa di Chietri

Zu Hause im Trullo • Das Hotel verfügt über mit allem Komfort ausgestattete Trulli-Häuser und ein Wellnesscenter mit elegantem Trullo-Flair. Das Restaurant überzeugt durch das vielfältige Frühstück und schmackhafte Spezialitäten.

SS 172 dei Trulli, km 29,8 • Tel. 0 80/4 32 54 81 • www.lachiusadichietri.it • 138 Zimmer und 12 Trulli • ♿ • €€€

SERVICE
AUSKUNFT
Associazione Turistica Pro Loco di Alberobello

Via Monte Nero 1 • Tel. 0 80/4 32 28 22 • www.prolocoalberobello.it

Ufficio Informazioni ed Accoglienza Turistica (I.A.T.)

Piazza Ferdinando IV • Tel. 0 80/4 32 51 71

Fasano ▶ S. 115, F 11

38 700 Einwohner

Eine wunderschöne Straße führt bis auf 400 m Höhe in die Ortschaft Selva di Fasano, ein beliebtes Urlaubsziel dank seiner üppigen Vegetation an Eichen und Steineichen. Von hier hat man einen herrlichen Ausblick bis zum Meer über Olivenhaine und Mandelgärten – an klaren Tagen sieht man auch den Hafen von Monopoli. Bekannt ist Fasano vor allem wegen der **Zoosafari** (▶ S. 33).

54 km nördl. von Brindisi

SEHENSWERTES
Egnazia (Gnathia)

In wunderschöner Lage zwischen dem Meer und jahrhundertealten Olivenhainen an der Küste von Savelletri – in der Gemeinde Fasano – liegt das archäologische Ausgrabungsgebiet der antiken Stadt **Gnathia**, an der damaligen Grenze zwischen Messapien und Peuketien. Im 8. Jh. v. Chr. war sie messapisches Zentrum, ab dem 3. Jh. v. Chr. wurde sie zum wichtigen römischen Hafen an der Via Traiana. Am Meeresufer erkennt man noch die Reste des Hafens und jenseits der Hauptstraße das römische Forum, das Amphitheater, zwei frühchristliche Basiliken, einen vierseitigen Säulengang und die Via Traiana, welche die Siedlung quer durchzog. Im Gebiet der messapischen Nekropolis befindet sich das **Archäologische Museum**, mit interessanten Funden aus Gnathia-Keramik und dem schönen Mosaik der drei Grazien.

Savelletri di Fasano • Tel. 0 80/4 82
90 56 • www.egnaziaonline.it
– Ausgrabungsstätte Sommer tgl.
8.30–19.15, Winter tgl. 8.30–
16.30 Uhr • Eintritt 2 €
– Museum tgl. 8.30–19.30 Uhr •
Eintritt 2 €, Kombiticket mit Ausgrabungsstätte 3 €

ÜBERNACHTEN
Masseria Cimino

Romantisches Ambiente • Kleine
Masseria aus dem 17. Jh. inmitten
der Ausgrabungen von Egnazia mit
Blick auf den Golfplatz San Domenico und nur 300 m vom Meer entfernt. Ausgezeichnete Spezialitäten.
Contrada Masciola, Savelletri di Fasano • Tel. 0 80/4 82 78 86 • www.masse
riacimino.com • 15 Zimmer • €€€€

Masseria Torre Maizza

Wohlgefühl • Zimmer mit hohem
Gewölbe und Blick auf das Meer,
Olivenbäume oder einen Golfplatz.
Luxus-Lounge am Strand, mit Well-
ness und Italienischkurs. Küche mit
frischen Produkten aus der Masseria
sowie von umliegenden Lieferanten.
Savelletri di Fasano, Contrada
Coccaro • Tel. 0 80/4 82 78 38 •
www.masseriatorremaizza.com •
26 Zimmer • €€€€

SERVICE
AUSKUNFT
**Ufficio Informazioni e Accoglien-
za Turistica di Fasana (I.A.T.)**
Piazza Ciaia 10 • Tel. 0 80/4 41 30 86

◎ **Locorotondo** ▶ S. 115, F 11
14 300 Einwohner
Die beeindruckende Silhouette der
Stadt auf dem Hügel dominiert
schon von Weitem das Itria-Tal. Den
Namen verdankt der Ort (»Loco«)

seinem runden (»rotondo«) Stadt-
grundriss: Die weiß gekalkten Häuser liegen eng aneinandergeschmiegt
im Kreis um den Altstadtkern, wo
kleine Gassen und versteckte Höfe
den Ort in ein Labyrinth verwandeln. Darüber hinaus ragt die Kuppel
der im neoklassischen Stil gebauten
Chiesa Madre di San Giorgio. Locorotondo gehört zu den »borghi più
belli d'Italia«, den schönsten Dörfern
Italiens, und ist wegen seines gleichnamigen Weißweins berühmt.
70 km nordwestl. von Brindisi

EINKAUFEN
I Pastini

Regionaltypische Weine, darunter
der weiße Locorotondo Antico und
der rote Primitivo Tarantino Arpago.
Die Weinkellerei befindet sich in
Martina Franca (Strada Rampone).
Via Italo Balbo 22/24 • www.ipastini.it

SERVICE
AUSKUNFT
**Associazione Turistica Pro Loco
di Locorotondo**
Piazza Vittorio Emanuele II 27 •
Tel. 0 80/4 31 30 99 • www.proloco
locorotondo.it

◎ **Ostuni**  ▶ S. 117, D 14
32 300 Einwohner
Weiß gekalkte Häuser heben sich
deutlich aus der umliegenden grünen
Landschaft hervor und bilden einen
herrlichen Kontrast zu den hellen
ockerfarbenen Stadtbauten und der
Kathedrale. Im Zentrum setzen blau
gestrichene Türen und rosafarbene
Bougainvilleen Akzente im blenden-
den Weiß der Häuser: Dieses malerische, fast orientalisch wirkende Post-
kartenidyll ist zu einem der typischen
Bildmotive Apuliens geworden.

Das »weiße« Ostuni liegt auf drei Hügeln und bietet von seinen Terrassen aus einen einmaligen Ausblick auf die Ebene bis zur 5 km entfernten Adria. An der Piazza Libertà, wo sich das **Rathaus** – einst ein Franziskanerkloster aus dem 14. Jh. – und die Säule des heiligen Oronzo befinden, beginnt der Aufstieg zur Altstadt über die Hauptachse Via Cattedrale. Auf dem steilen Weg geht man an gepflegten Lädelchen vorbei bis zur Kirche **San Vito** mit ihrer bunten Kuppel und weiter hinauf zur Kathedrale **Santa Maria Assunta**. Auf den Kirchenvorplatz blickt der Bischofspalast mit seiner eleganten Loggia. Das charakteristische Viertel La Terra ist der mittelalterliche Stadtkern, in dem Bögen, enge Gassen, steile Treppen und unerwartete kleine Plätze dicht aufeinander folgen.

35 km nordwestl. von Brindisi

SEHENSWERTES
Santa Maria Assunta

Die Kirche wurde im 15. Jh. auf dem höchsten Punkt der Stadt im spätgotischen Stil mit venezianischen und dalmatinischen Einflüssen errichtet. Der Innenraum stammt weitgehend aus der Zeit des Barock.

Largo Trinchera Francesco • tgl. 10–13, 15–20 Uhr

ÜBERNACHTEN
Masseria Lamiola Piccola 🍴

Urlaub auf dem Bauernhof • Schlichte Zimmer, lediglich 6 km vom Meer entfernt und mit Schwimmbecken. Im Restaurant traditionelle Gerichte mit Zutaten aus eigener Produktion. 10 km außerhalb von Ostuni.

Lamiola Piccola • Tel. 08 31/35 99 72 • www.lamiolapiccola.com • 9 Zimmer • ♿ • €€€

MERIAN-Tipp **9**

RISTORANTE CIELO
▶ S. 117, D 14

Nomen est Omen bei diesem Lokal mit unverputztem Gewölbe, das 2012 einen Michelin-Stern nicht nur wegen seiner besonderen Lage – einem Gebäude aus dem 15. Jh. auf dem höchsten Punkt von Ostuni – erhalten hat, sondern weil die Gerichte von Küchenchef Sebastiano Lombardi einfach himmlisch schmecken und auch ebenso aussehen. In seiner Küche vereinigt er apulische Tradition mit Experimentierfreude: So wird zum »acquasale« – in Wasser eingeweichtes hartes Brot mit Zwiebeln, Tomaten und Olivenöl – leicht angebratener Fisch gereicht, oder den Spaghettoni mit einer Sauce aus Krustentieren in Tempura sind ausgebackene Algen hinzugefügt. Ostuni, Relais La Sommità, Via S. Petrarolo 7 • Tel. 08 31/30 59 25 • www.lasommita.it • €€€

SERVICE
AUSKUNFT
Ufficio Informazioni e Accoglienza Turistica di Ostuni (I.A.T.)

Corso Mazzini 8 • Tel. 08 31/30 12 68

Taranto (Tarent) ▶ S. 116, B 16
190 500 Einwohner
Stadtplan ▶ S. 71

Die Stadt liegt zwischen dem **Mar Piccolo** (Binnenmeer) und dem **Mar Grande** (Golf von Tarent) am Ionischen Meer. Auf der einen Seite gelangt man in die teilweise sanierte Altstadt über die Brücke **Ponte di Pietra**. Auf der anderen Seite ist sie durch eine drehbare Brücke von 1958 mit der Neustadt verbunden. Eine endlos scheinende Palmenreihe säumt den Lungomare Vittorio Emanuele III mit wunderbarem Blick auf das Mar Grande – hier liegt auch die moderne Concattedrale **Gran Madre di Dio** des Architekten Giò Ponti. Am anderen Ufer der Neustadt genießt man von der Terrasse der **Villa Peripato** aus einen herrlichen Blick auf das Binnenmeer mit den unzähligen Muschelzuchtanlagen.

Die »cozze« (Muscheln) des Mar Piccolo sind die Spezialität von Taranto und werden von den Einheimischen geliebt. Man verspeist sie traditionell mit Reis, Kartoffeln oder gratiniert, und inzwischen haben sie sogar das DOP-Siegel als geschützte Herkunftsbezeichnung bekommen.

Die Stadt der zwei Meere – wohl 706 v. Chr. von griechischen Siedlern aus Sparta gegründet – erreichte zwischen dem 4. und dem 3. Jh. v. Chr. ihren Höhepunkt. Als wichtigster Hafen zum Orient war das alte Taranto eine der größten Kolonien der Magna Grecia, berühmt auch wegen der Terrakotta- und Goldschmiedearbeiten. Im 9. Jh. zerstörten Sarazenen die Stadt, unter byzantinischer Herrschaft wurde sie neu aufgebaut.

SEHENSWERTES
Castel Sant'Angelo ▸ S. 71, c 2
Die mächtige Festungsanlage – 1492 von Ferdinand von Aragon ausgebaut, daher auch Castel Aragonese genannt – beschließt mit zwei dorischen Säulen und der Drehbrücke das alte Taranto. Vom Kastell aus hat man einen faszinierenden Blick aufs Meer. Piazza Castello 4 • www.castelloaragonesetaranto.it • tgl. 9.30–1.30 Uhr • Eintritt frei

Duomo San Cataldo ▸ S. 71, a 2
Mitten in der Altstadt thront die ursprünglich romanische Kathedrale mit ihrer prunkvollen, barock ausgeschmückten, großen Kapelle San Cataldo, wo sich das Grabmal des Stadtheiligen Cataldus befindet. Sehenswert sind auch die Fresken der byzantinischen Krypta. Piazza Duomo • www.cattedraletaranto.it • tgl. 8–12, 16.30–19.30 Uhr

MUSEEN
Marta – Museo Nazionale Archeologico di Taranto 7 ▸ S. 71, c 2
Eine Reise nach Taranto ist allein wegen des Goldschmucks im Museum wert. Dank der großen Mengen Edelmetall aus dem Orient fertigten die Goldschmiede der Stadt zwischen dem 4. und dem 2. Jh. v. Chr. feinsten Schmuck, wie den raffinierten Ohrring in Form eines Bootes oder das zauberhafte Diadem mit Edelsteinen. Fabelhaft sind auch die Frauenfiguren aus Terrakotta. Via Cavour 10 • www.museotaranto.org • tgl. 8.30–19.30 Uhr • Eintritt 5 €

SPAZIERGANG
Stadtplan ▸ S. 71

Beginnen Sie Ihre Entdeckung der Stadt zwischen den zwei Meeren in der **Città Nuova** an der Piazza Ebalia, von hier gewinnen Sie einen guten Überblick über den Stadtplan. Eine schier endlose Palmenreihe säumt den **Lungomare Vittorio Emanuele III** mit wunderbarem Blick auf das Mar Grande. Gehen Sie die Via Berardi entlang, geradeaus über die Piazza Maria Immacolata hinweg, und weiter auf der Via Mignogna. Nach Überquerung des Corso Umberto I und der Via Pitagora sehen Sie links die **Villa Peripato** mit ihrem

1913 für die Allgemeinheit geöffneten wunderschönen Garten.

Zurück auf dem Corso Umberto gehen Sie diesen entlang, an vielen Modegeschäften und dem **Archäologischen Museum**  vorbei, bis zum **Corso due Mari**. Hier stoßen Sie auf die drehbare Brücke über den Canale Navigabile, welche die Neustadt seit dem Jahr 1958 mit der Altstadt verbindet. Am gegenüberliegenden Ufer dominiert das **Castel Sant'Angelo** das Altstadtbild, von dem aus man einen faszinierenden Blick aufs Meer hat. Immer geradeaus geht es nun auf der Via Duomo ins Herz von Taranto Vecchia. Hier thront die **Kathedrale San Cataldo**. Weiter über die Via Duomo, die jetzt links in einem Bogen an der Kirche **San Domenico Maggiore** vorbeiführt, gelangen Sie auf die Via

San Nicola (▶ S. 73) gilt mit seinen byzantinischen Fresken als schönste unter den mehr als 30 Höhlenkirchen, die in der Umgebung von Mottola in den Fels getrieben wurden.

de Tullio. An deren Ende erreichen Sie die Piazza Fontana und sehen die Brücke Ponte di Porta Napoli, die zum modernen Stadtteil führt.
Dauer: 3 Std.

ESSEN UND TRINKEN

Al Gatto Rosso   ▶ S. 71, c 2

Für Fischliebhaber • In der Nähe des Archäologischen Museums zaubert Agostino bereits in der dritten Generation vom Meer inspirierte Gerichte wie Spaghetti mit »vongole«.
Via Cavour 2 • Tel. 0 99/4 52 98 75 • www.ristorantegattorosso.com • Di–So • €€€

Da Poldo for ever
                    ▶ S. 71, südöstl. d 3

Historische Pucceria • Die beste »puccia« genießt man laut den Einheimischen hier: Sie ist groß und mit allen möglichen Zutaten gefüllt.
Lama, Via Per Lama 105 • Tel. 0 99/7 77 6 81 3 • Do–Di abends • €

SERVICE
AUSFLÜGE
Mar Grande und Mar Piccolo 👥
                    ▶ S. 71, östl. d 2

Die zwei Meere erlebt man hautnah bei einem Schiffsausflug (Ticket 8 €), im Sommer auch am Abend.
Azienda per la Mobilità nell'Area di Taranto (AMAT), Via C. Battisti 657 • Tel. 0 99/7 35 61 • www.amat.ta.it

AUSKUNFT
Ufficio di Informazione e Accoglienza Turistica di Taranto (I.A.T.)   ▶ S. 71, d 1
Corso Umberto 113 • Tel. 0 99/4 53 23 92

Ziele in der Umgebung
◎ **Martina Franca** ▶ S. 116, C 14
49 900 Einwohner

Mitten im Itria-Tal gelegen, überrascht die Barockstadt ihre Besucher mit schön dekorierten Balkonen und prunkvollen Palästen, die man zwischen gewundenen Gassen und weiß gekalkten Fassaden entdeckt. Durch den Torbogen Porta Santo Stefano geht man in die verkehrsfreie Altstadt und stößt gleich danach auf den imposanten **Palazzo Ducale**, 1668 unter der Herrschaft der Caracciolos gebaut. Der riesige Barockpalast, heute Sitz des Rathauses, blickt auf die dreieckige Piazza Roma und auf einen Brunnen mit Delfinstatuen. Die Stadt, wo sich dank der Verwaltungsfreiheit (daher der Name »franca«) ein emanzipiertes Bürgertum entwickeln konnte, lädt zum Shoppen auf den Corso Vittorio Emanuele, die Piazza Roma und die Piazza Plebiscito ein. Neben den mit Fresken bemalten Sälen des Palazzo Ducale ist auch die prächtige Barockkirche **Collegiata San Martino** sehenswert. Seit 1975 findet in der Stadt das Opernfestival Festival della Valle d'Itria statt.

30 km nördl. von Taranto

EINKAUFEN
Macelleria Romanelli

In der über die Grenzen der Region hinaus berühmten Metzgerei kann man den typischen »capocollo di Martina Franca« erwerben.

Via Valle d'Itria 8/12

AM ABEND
Caffè Tripoli

Am wichtigsten Treffpunkt der Stadt genießt man bis in den Abend »bocconotti« mit Sauerkirschmarmelade und »granita al caffè con panna«.

Piazzetta Garibaldi • Sommer bis 4 Uhr

SERVICE
AUSKUNFT
Ufficio Informazioni e Accoglienza Turistica (I.A.T.)

Piazza Roma 37 • Tel. 0 80/4 80 57 02

◎ Mottola ▸ S. 116, A 15

16 300 Einwohner

Um die Stadt herum gibt es viele Felsensiedlungen und in Tuff gehauene **Höhlenkirchen**. Sie sind Zeugnisse der alten Höhlenkultur und einer volkstümlichen Votivkunst, die in den ehemaligen Flussbetten (»gravine«) der zerklüfteten Landschaft verbreitet war – wahrscheinlich wurden diese Felsendörfer in früherer Zeit von Mönchen bewohnt.

35 km nordwestl. von Taranto

SEHENSWERTES
San Nicola 🟥8

Unter den über 30 Höhlenkirchen in der Umgebung Mottolas gilt die Grottenkrypta San Nicola mit ihren 24 Fresken als die Sixtinische Kapelle der Höhlenkirchen. Sie befindet sich ungefähr 12 km südwestlich der Kleinstadt Mottola in einem kleinen Felsental. In der aus Ikonostasen mit drei Arkaden bestehenden Höhle bewundert man Fresken aus dem 10. bis 14. Jh. Mit leuchtenden Farben und ihren byzantinischen Gewändern wurden die hier abgebildeten Heiligen wahrscheinlich von einem griechischen Künstler gezeichnet. In der Mitte der Höhle thront Christus Pantokrator neben der Jungfrau und Johannes dem Täufer. An einer Ecke entdeckt man auch den hl. Nikolaus.

Infos unter www.comune.mottola.ta.it • tgl. 9–13, 15–16.30 Uhr • Führungen nach Voranmeldung unter Tel. 0 99/8 86 76 40 • 3 €

SERVICE
AUSKUNFT
Associazione Turistica Pro Loco di Mottola

Via Umberto 76 • Tel. 0 99/8 86 11 39

Salento
Die barocke Pracht der Provinzhauptstadt Lecce und die vielen Badebuchten mit türkisblauem Wasser sind die Attraktionen der südlichsten Region Apuliens, die von Adria und Ionischem Meer fast ganz umschlossen wird.

◄ Baden zwischen bizarren Felsformationen: Bucht bei Torre Sant'Andrea nördlich von Otranto (▶ S. 80).

Weiße Strände mit feinem Sand und ein unbeschreiblich blauer Himmel erinnern ein wenig an die Karibik. Die Halbinsel Salento zieht Besucher bis hinunter zu »De Finibus terrae«, dem südlichsten Punkt der Region, mit faszinierenden Felsenklippen, Buchten und Grotten in ihren Bann. Im Landesinneren beherrschen zahlreiche Olivenhaine mit uralten Bäumen das Bild – ewige Wächter dieser fruchtbaren Gegend. Hier in der Grecìa Salentina ist heute noch die alte Sprache Griko lebendig. Unbestrittene Königin des Salento ist aber **Lecce**, das »Florenz des Südens«, wie es die Italiener nennen, mit seiner atemberaubenden Barockgalerie unter freiem Himmel.

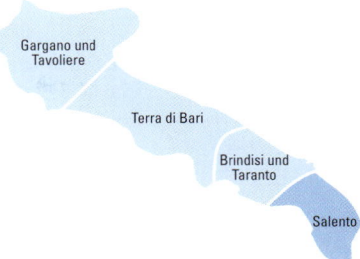

Gargano und Tavoliere

Terra di Bari

Brindisi und Taranto

Salento

Lecce ▶ S. 119, D 18

95 700 Einwohner
Stadtplan ▶ S. 77

Kostbar wie ein Juwel wirkt die »Hauptstadt des Barock«, in der dieser Kunststil eine unvergleichliche Eleganz erreicht. Schön und edel zeigt sich Lecce auf der Hauptachse zwischen der Porta Rudiae und der Piazza Sant'Oronzo bis zur Basilika Santa Croce, aber auch in den Seitengassen und im moderneren Teil der Altstadt. Ein Bummel, vorbei an exklusiven Läden und Werkstätten, bereitet viel Vergnügen und zeugt von der hohen Lebensqualität der Stadt. Die Pracht seiner Gebäude verdankt Lecce der goldgelben »pietra leccese«, einer weichen, porösen Gesteinsart, die vor allem während seiner Blütezeit zwischen 1550 und 1750 verbaut wurde. Abends fasziniert das kontrastreiche

Spiel von Licht und Schatten an den alten Palästen, die als Bühne für das lebendige Nachtleben dienen.

SEHENSWERTES

Castello Carlo V ▶ S. 77, b 2

Karl V. ließ das Kastell vom Militärarchitekten D'Acaya 1539 auf den Resten einer normannischen Festung erbauen. Seine vier Bastionen unterstreichen offenkundig den militärischen Zweck der Festung.
Viale XXV Luglio • tgl. 9–13, 17–21 Uhr • Eintritt frei

Santa Croce 🟊9 ▶ S. 77, b 2

Die Basilika mit ihren unzähligen Schnörkeln ist das großartigste Beispiel des »barocco leccese«. Allegorische Figuren, Karyatiden und Kapitelle schmücken die Fassade, die von einer mit Blumen und Putten dekorierten Rosette dominiert wird. An der imposanten Kirche arbeiteten ab 1549 verschiedenste Architekten, Steinmetze und Bildhauer. Sie haben ein Meisterwerk an Dekorfreude aus dem weichen Kalkstein geschaffen. Im dreischiffigen Inneren tragen Kapitelle in der Mitte Blüten, aus denen die Köpfe der Apostel blicken. Beeindruckend ist auch die vergoldete und mit Intarsien verzierte Holzdecke.
Via Umberto I • www.basilicasanta croce.eu • tgl. 9–12, 17–20 Uhr

Santa Maria dell'Assunta

▶ S. 77, a 2

Die von Giuseppe Zimbalo zwischen 1659 und 1670 errichtete Kathedrale besticht mit der schlichten Hauptfassade und einer prächtigen Seitenfassade – einer echten Schaufassade, auf die sich der erste Blick richtet, wenn man den Platz betritt. Im Inneren ist die Krippe aus »pietra leccese« von Gabriele Riccardi zu bewundern. Neben dem Dom erhebt sich der 70 m hohe Campanile.
Piazza Duomo • tgl. 9–12.30, 16–19.30 Uhr

MUSEEN

Museo della Cartapesta

▶ S. 77, b 2

In den drei Museumssälen findet man etwa 100 Figuren aus Pappmaschee vom 18. Jh. bis heute ausgestellt – darunter auch Werke der berühmtesten »cartapestai« der Stadt.
Castello Carlo V, Viale XXV Luglio • Mo–Sa 9–13, 16–20 Uhr • Eintritt frei

SPAZIERGANG

Stadtplan ▶ S. 77

Das pulsierende Herz Lecces ist die **Piazza Sant'Oronzo**, wo sich das Wahrzeichen der Stadt erhebt: Die Bronzestatue des Stadtpatrons Oronzo von 1739 thront auf einer römischen Säule – die Zwillingssäule dazu steht in Brindisi. Das römische **Amphitheater** aus dem 2. Jh., das bis zu 20 000 Zuschauer fasste, ist heute nur zur Hälfte wieder freigelegt. Am Platz liegen auch die Sedile von 1592, der bis 1851 als Rathaus fungierte, und die Kapelle San Marco von 1543. Von hier biegen Sie in die Via Templari ab und gehen weiter auf die Via Umberto I, wo Sie vor der **Chiesa Santa Croce** 🔟 mit dem anschließenden

Palazzo dei Celestini stehen: Bei Sonnenuntergang genießt man hier herrliche Lichtkontraste. In Lecce sollten Sie den Blick oft nach oben richten, um die mit Barockelementen geschmückten Bögen, Balkone und Terrassen nicht zu verpassen!
Gehen Sie auf der Via Umberto I ein Stückchen zurück und biegen Sie an der Kreuzung Via Umberto I mit der Via Giacomo Matteotti rechts ab. Über die Piazza Castromediano Sigismondo hinweg geht es am Ende der Piazza erneut rechts, dann sofort wieder links in die Via Odisa. Diese endet an einer T-Kreuzung, an der Sie nach links in die Via Antoglietta laufen. Sie kommen an der Kirche del Gesù vorbei und gelangen schließlich zur Theatinerkirche **Sant'Irene** an der Via Vittorio Emanuele II, die Sie weiter geradeaus gehen bis zur Kreuzung Via Giuseppe Libertini und Via Giuseppe Palmieri. Wenden Sie sich nach links und passieren Sie nun die zwei sogenannten Propyläen: Nach dem schmalen Durchgang öffnet sich unerwartet der großartige **Domplatz**. Der Dom mit Glockenturm, der Bischofspalast und das Seminargebäude bilden eine dramatische Kulisse – vor allem im Abendlicht. Im Innenhof des **Seminarpalasts** wird Sie der verzierte Barockbrunnen von Giuseppe Cino bezaubern. Wieder auf der Via Vittorio Emanuele II wenden Sie sich links auf die Via Libertini, an den vielen Spezialitäten- und Handwerksläden vorbei. Ein Kuriosum: Im Hinterhof des ehemaligen Klosters **Sant'Anna** wächst ein gigantischer jahrhundertealter Gummibaum!
Auch die **Chiesa San Rosario**, ein Stück weiter die Straße entlang, besitzt eine wunderschöne Barockfassade, letztes Meisterstück von Giuseppe

Zimbalo. Ein paar Schritte weiter endet die Via Libertini an der 1703 wieder errichteten **Porta Rudiae**. Dauer: 2 Std.

ÜBERNACHTEN

Hotel Risorgimento Resort

▶ S. 77, b 2

Im Herzen der Barockstadt • Zeitgemäß elegant eingerichtete Zimmer und ein SPA-Bereich mit exklusiven Behandlungen in einem edlen Palast, nur einen Steinwurf vom Domplatz. Via Augusto Imperatore 19 • Tel. 08 32/24 63 11 • www.risorgimento resort.it • 41 Zimmer • €€€€

Hotel President

▶ S. 77, c 2

Gemütlich und freundlich • Ruhige Zimmer und ein vielfältiges Frühstück mit frischen »pasticciotti« und Spezialitäten des Salento kennzeich-

nen nebst dem freundlichen Personal dieses Hotel. Nur 10 Min. zu Fuß von der Piazza Sant'Oronzo entfernt. Via Salandra, 6 • Tel. 08 32/45 61 11 • www.hotelpresidentlecce.it • 150 Zimmer • €€

ESSEN UND TRINKEN

Osteria degli Spiriti

▶ S. 77, c 2

Musikalischer Charme • Appetitliche Gerichte wie Spaghetti mit Auberginen, kleinen Tomaten und »cacioricotta«. Dezente Jazzmusik und gute Karte mit Weinen aus der Region. Via Cesare Battisti 4 • Tel. 08 32/24 62 74 • www.osteriadeglispiriti.it • tgl., So nur mittags • €€€

EINKAUFEN

Antonio Miglietta

▶ S. 77, c 3

In seinem Atelier meißelt der Bildhauer aus dem Stein der »pietra lec-

© MERIAN-Kartographie

MERIAN-Tipp **10**

CAFFÈ ALVINO ▸ S. 77, b 2

Es ist an sich schon eine Freude, in diesem historischen, innen modern gestylten Lokal am Hauptplatz Sant'Oronzo zu sitzen, mit Blick auf das römische Amphitheater und auf die Säule mit der Statue des Stadtpatrons. Das Caffè Alvino ist die Adresse in Lecce, um traditionelle Feinkost zu genießen: »pasticciotti« (feinste Patisserie) und »rustici« (leckeres salziges Gebäck) – auf diese beiden Spezialitäten verzichtet kein Leccese! Die Krönung des Genusses wird dem Gast an der Theke in Gläsern serviert: ein »caffè in ghiaccio alla Leccese« aus Eis, Mandelmilch und Espresso!
Lecce, Piazza Sant'Oronzo 30 • Tel. 08 32/24 67 48 • www.caffe alvino.it • tgl. 7–2 Uhr

cese« seine Kunstwerke mit sakralen und modernen, der Natur nachempfundenen Motiven.
Via F. Petrelli 4

Donell's Argentieri ▸ S. 77, c 2

Pietro Paolo gestaltet wunderbaren Silberschmuck: Gegenstände für den Alltag wie Schalen, Brief- und Serviettenhalter, welche den schönsten Barockdekor der Stadt nachbilden.
Piazza Mazzini 44 (Galleria)

Laboratorio della Cartapesta di Marco Epicochi ▸ S. 77, a 2

Bunte handgemachte Figuren aus Pappmaschee, traditionell mit Kopf, Händen und Füßen aus Ton!
Piazza Duomo 18

Valentina – Le Golosità del Salento ▸ S. 77, b 2

Feinschmecker und Naschkatzen finden hier sämtliche Spezialitäten aus der Region wie »cacioricotta«, »orecchiette« und »tarallucci«. Herr Benvenuto, der Inhaber, kontrolliert persönlich beim Bäcker die Qualität.
Via Petronelli 3

AM ABEND

Natale ▸ S. 77, b 2

In der Eisdiele und Konditorei hat man die Qual der Wahl: Es gibt ganze 82 Eissorten in feinster Qualität.
Via Trinchese 7 • www.natalepastic ceria.it

Teatro Politeama Greco ▸ S. 77, b 2

Opern und Theaterstücke stehen auf dem Programm dieses prächtigen Opernhauses. 1884 mit der »Aida« von Verdi feierlich eröffnet, hat das Teatro di Tradizione 988 Sitzplätze.
Via XXV Luglio • Tel. 08 32/24 14 68 • www.politeamagreco.it

SERVICE
AUSKUNFT
Ufficio Informazioni e Accoglienza Turistica di Lecce (I.A.T.)
▸ S. 77, a 2

Via Vittorio Emanuele II 24 • Tel. 08 32/33 24 63

Ziele in der Umgebung
◎ **Castro** ▸ S. 119, F 19
2500 Einwohner

Vom **Kastell** in Castro Superiore, 1572 von den Gattinaras auf den Ruinen einer alten römischen Burg erbaut, hat man einen spektakulären Blick auf die hügelige Landschaft und die Adria. Die Stadt mit angeblich griechischem Ursprung ist wegen einer der spektakulärsten Karsterschei-

nungen des Salento berühmt: der **Grotta Zinzulusa**. Vom Hafen **Castro Marina** aus, wo noch heute Fischernetze zum Trocknen aufgehängt werden, entdeckt man die atemberaubende Küste mit ihren Meeresgrotten am besten vom Boot aus.
Grotta Zinzulusa • Tel. 08 36/94 38 12 • Sommer tgl. 9.30–19, Winter tgl. 10–16 Uhr • Eintritt 5 € 45 km südl. von Lecce

SERVICE
AUSKUNFT
Ufficio Informazioni e Accoglienza Turistica di Castro Marina (I.A.T.)
Piazza Dante 1 • Tel. 08 36/94 33 40

◎ **Copertino** ▸ S. 119, D 18
24 500 Einwohner

Die trapezförmige **Festung** mit spitz zulaufenden Bastionen, die innen mit Fresken bemalt sind, und einem fein gemeißelten Renaissanceportal ist eine der besterhaltenen Burgen der Region. Zu bewundern sind in der **Cappella della Maddalena** Fresken aus dem 14. Jh. über das Leben der Heiligen und die ebenso mit Fresken bemalte **Cappella di San Marco**. Copertino ist auch wegen seines gleichnamigen Rotweins bekannt.
Castello di Copertino • www.castello dicopertino.beniculturali.it • Di–So 8.30–13.30 Uhr • Eintritt 2 € 20 km südwestl. von Lecce

EINKAUFEN
Tenuta Verola
Feinster Grappa in eleganten Verpackungen und in verschiedenen Geschmacksrichtungen wie Mandel oder Johannisbrot.
Carmiano, Villa Convento (10 km nördl. von Copertino) • www.tenutaverola.it

SERVICE
AUSKUNFT
Associazione Turistica Pro Loco di Copertino
Via Margherita di Savoia 71 • Tel. 08 32/94 90 10 • www.proloco copertino.it

◎ **Gallipoli** ▸ S. 118, C 19
21 100 Einwohner

Das antike griechische »kalè polis« (»schöne Stadt«) verbirgt sich hinter ihren hohen Mauern. Wenn man sich auf einem Boot dem Stadthafen nähert, hat man den Eindruck, als ob sich eine »Wand« weißer Häuser über der braunen Stadtmauer erheben würde. Vom Festland erreicht man die Altstadt über einen Brückendamm. Es lohnt sich ein Abstecher zur **Fontana Ellenistica**, einer barocken Brunnenanlage von 1560, in der drei hellenistische Hochreliefs mit mythologischen Figuren eingearbeitet wurden. Von hier aus sieht man das fast komplett vom Meer umgebene **Castello Angioino**, von dem aus die lebendige Hauptstraße Antonietta De Pace durch die Innenstadt führt – in der Wehranlage finden heute Kulturveranstaltungen statt.
In der Altstadt herrscht ein typisch südländisches Flair: Vor der Haustür spielen Männer Karten, Frauen unterhalten sich beim Nähen oder Putzen des Salats für das Abendessen, und die Tische der Restaurants stehen mitten auf der Straße. Die Altstadt ist von einem Wirrwarr enger Gässchen, winziger Plätze und schöner Innenhöfe durchzogen, das irgendwann wieder zur Hauptachse führt, an der auch die Kathedrale **Sant'Agata** liegt. Der Sandstrand mit Mole ist durch ein Tor am Hafen einfach zu erreichen: Von hier aus erlebt

man beim Sonnenuntergang eine besonders romantische Stimmung.
40 km südwestl. von Lecce

SEHENSWERTES

Antica Farmacia Provenzano

Die Apotheke ist einen Besuch wert: Im schönen Palast aus dem 16. Jh. befinden sich Gewölbe mit Reliefs aus »carparo« (dem Tuffstein dieser Gegend) und eine kostbare Sammlung von alten Vasen und Gläsern.
Via Antonietta De Pace 59

Palazzo Granafei

Unter dem Palast liegt eine unterirdische Ölmühle, die besichtigt werden kann und Zeugnis des florierenden Handels mit Lampenöl ist, das die Stadt einst berühmt machte.
Via Antonietta De Pace 87 • Juli, August, Weihnachten, Ostern 9–13, 17–22 Uhr • Eintritt frei

Sant'Agata

Die prunkvolle Fassade dieser Kathedrale im üppigen Lecceser Barockstil ist eindrucksvoll. Sie ersetzte ab 1629 den romanischen Vorgängerbau San Giovanni Crisostomo.
Via Duomo 1 • www.cattedrale gallipoli.it • Sommer tgl. 10–19, Winter tgl. 9.30–18.30 Uhr

SERVICE

AUSKUNFT

Ufficio Informazioni e Accoglienza Turistica di Gallipoli (I.A.T.)

Via Antonietta De Pace 108 • Tel. 08 33/26 25 29

◎ **Otranto**   ▸ S. 119, F 19
5600 Einwohner

Die östlichste Stadt des italienischen Stiefels ist nicht nur wegen ihres sauberen türkisblauen Meerwassers berühmt, sondern auch wegen des riesigen Fußbodenmosaiks in der romanischen Kathedrale Santa Maria Annunziata. Die griechisch anmutende Altstadt mit der großen Piazza del Popolo und der Bummelmeile Corso Garibaldi wird in der Saison von Touristen gestürmt. Besser ist es, das rege Treiben vom höher gelegenen »camminamento« (dem Weg auf der Burgmauer) aus zu bewundern.
69 km südl. von Lecce

SEHENSWERTES

Castello Aragonese

Das fünfeckige Castello mit drei Rundtürmen wurde nach dem Massaker der Türken an den Bewohnern von Otranto im Jahr 1480 auf den Resten einer byzantinischen Festung erbaut. Es sollte die Stadt vor weiteren Einfällen beschützen. In der Burganlage finden regelmäßig Ausstellungen, Veranstaltungen und im Sommer auch Festspiele statt.
Piazza Castello • www.castelloarago neseotranto.it • Jan., Feb., Nov., Dez. Di–So 10–13, 15–17, März, Okt. Di–So 10–13, 15–18, April, Mai tgl. 10–13, 15–19, Juni, Sept. tgl. 10–13, 15–22, Juli, Aug. tgl. 10–24 Uhr • Eintritt 2 €

Santa Maria Annunziata

Die romanische Kirche wurde im Jahr 1080 als lateinische Bischofskirche begonnen. Das berühmte riesige Bodenmosaik der Kathedrale wurde vom Basilianermönch Pantaleone zwischen 1163 und 1166 realisiert und nimmt das ganze Mittelschiff und den Chorraum ein. Die Bilder zeigen einen großen Lebensbaum, der von zwei Elefanten getragen wird, neben den zwölf Zodiakalzeichen und den Monatsarbeiten.

Im Bodenmosaik der Kathedrale Santa Maria Annunziata (▶ S. 80) ist eine Vielzahl von Legenden und Mythen miteinander verwoben. Es bedeckt eine Fläche von 57 x 28 m.

Unter den vielen Motiven entdeckt man auch wirklich lebende und fantastische Tiere des Bestiariums, die Arche Noah und die Vertreibung von Adam und Eva. Makaber, aber ebenfalls zu bestaunen ist die **Cappella dei Martiri**, in der ein Teil der Gebeine jener 800 »idrutini« (so heißen die Bewohner von Otranto, vom römischen Namen der Stadt Hydruntum) hinter Glas ruht, die 1480 von den Türken umgebracht wurden.
Piazza Basilica

SERVICE
AUSKUNFT
Ufficio Informazioni e Accoglienza Turistica di Otranto (I.A.T.)
Via del Porto • Tel. 08 36/80 14 36

◎ **Santa Maria di Leuca**
▶ S. 119, E 20
1100 Einwohner
Am Capo di Leuca, dem südlichsten Punkt des Salento, treffen Adria und das Ionische Meer aufeinander. Hier befinden sich ein weißer **Leuchtturm** und die Wallfahrtskirche **Santa Maria »De Finibus Terrae«** (»Am Ende der Welt«).
69 km südl. von Lecce

SEHENSWERTES
Santa Maria »De Finibus Terrae«
Die Basilika wurde als Festung gebaut, um gegen die Überfälle der Türken und Sarazenen Schutz zu gewähren: Von der Terrasse aus hat man Richtung Westen einen herrlichen Blick auf den Stadthafen.
Marina di Leuca, Piazza Giovanni XXIII • www.basilicaleuca.it • tgl. 8–20 Uhr

SERVICE
AUSKUNFT
Associazione Turistica Pro Loco di Santa Maria di Leuca
Marina di Leuca, Lungomare Cristoforo Colombo 53 • Tel. 08 33/75 81 61 • www.prolocoleuca.it

Die Kleinstadt Massafra (▶ S. 89) säumt
beide Seiten der Schlucht »Gravina di
San Marco«. Zahlreiche Höhlen im weichen Kalkstein boten Zuflucht bei Gefahr.

Touren und
Ausflüge

Erleben Sie auf kleinen Trampelpfaden den Nationalpark Gargano und entdecken Sie entlang endloser
Olivenhaine das reiche Kulturerbe der Region.

Unterwegs im Gargano – Von den Lagunen bis zum heiligen Berg

CHARAKTERISTIK: Natur pur: drei Kurztouren in den Nationalpark Gargano – mit dem Fahrrad und zu Fuß **DAUER:** 2, 4 und 6 Std. **LÄNGE:** knapp 3, 15 und 70 km
EINKEHRTIPPS: Trattoria Le Antiche Sere, Via Pietro Micca 22, Lesina, Tel. 0 82/ 99 19 42, www.leantichesere.it €€ • Agriturismo Masseria Sgarrazza, Contrada San Salvatore, Vieste, Tel. 3 47/7 54 51 80, www.masseriasgarrazza.it €€ • Ristorante Scarpetta d'Oro, Via Scarpetta 1, Mattinata, Tel. 08 84/55 04 38 €€
AUSKUNFT: Parco Nazionale del Gargano, Via Sant'Antonio Abate 121, Monte Sant'Angelo, www.parcogargano.it
KARTE ▶ S. 110/111, B/C 2, F 2 und F 3

Im **Nationalpark Gargano** steht die Natur im Mittelpunkt. Dazu gehören auch die Seen **Lago di Lesina** und **Lago di Varano** im Norden des Parks, die von der Adria nur durch schmale Küstenstreifen getrennt sind. In der Tat handelt es sich um Lagunen mit völlig verschiedenen Landschaftstypen. Am Lago di Varano dominieren Macchia und Olivenbäume bis hinauf in 165 m Höhe, am Lago di Lesina ist es dagegen flach, die Lagune folgt dem Küstenverlauf. Um diesen kann man eine schöne Fahrradtour inmitten der Natur machen.

Rund um den Lago di Lesina

Ausgangspunkt ist der malerische Ort **Lesina**, der zu drei Vierteln vom See umgeben ist. Vor nicht allzu langer Zeit arbeiteten hier viele noch als Aalfischer, heute trifft man nur selten auf Fischer, die ihre Netze flicken. Am Anfang geht es auf der normalen Straße Richtung Marina di Lesina. Am **Canale Acquarotta** zweigt es rechts ab, dann ca. 15 km lang auf der etwa 1 km breiten Landzunge, die den See vom offenen Meer trennt. Hier verschwimmen die Konturen zwischen Wasser und Himmel, ab und zu sind Wasserbüffel zu sehen.

Richtung Küste erscheint der Wachturm **Torre Scampamorte**. Danach überqueren Sie – nur mit dem Fahrrad möglich – die Foce Sciapparo Richtung **Osservatorio Faunistico**, wo zahlreiche Vögel, wie Blässhühner, leben. Von hier aus radeln Sie zwischen Feldern und Schilf wieder zurück nach Lesina und lassen sich zu Mittag eine Spezialität mit »anguilla« (Aal) in einer Trattoria schmecken.

Wanderung von Vieste nach Sagro

Auf dieser Wanderung gewinnen Sie einen Überblick über die vielfältige Landschaft am Gargano. Man startet an der letzten Kreuzung am Lungomare Enrico Mattei in **Vieste**. Auf der Via Reginella biegen Sie kurz vor der Fondazione Turati links ab. Der Weg führt durch uralte Olivenhaine bis zur Kreuzung Bivio della Chiusa. Auf der linken Seite gehen Sie durch die Ortschaft **Perazzeta**, wo Oliven, Feigen und Kaktusfeigen angebaut werden. Bei km 4,5 dann linker Hand bis **Tomarosso** und weiter hoch bis **San Salvatore** auf 400 m Höhe. In der Gegend befindet sich auch die **Masseria Sagarrazza**, wo man podolischen Kühen, garganischen Ziegen und schwarzen Schweinen begegnet.

Von hier oben genießt man einen herrlichen Ausblick auf Vieste. Eine Verkostung von »pancotto«, »cacioricotta« und »caciocavallo« aus Ziegenmilch ist geradezu ein Muss!

Um den **Cutino Lama la Vita** sind Reste einer Nekropole der Daunier zu sehen. Mit etwas Glück können Sie aber auch Füchse, Dachse und Wiedehopfe beobachten. Ab dem Bivio San Salvatore geht es rechts bergab bis zu einem anderen »cutino« und gleich danach wieder hoch bis **Femminamorta**. Hier dominiert Mischwald mit Sommereiche, Ahorn und Erdbeerbaum. Jetzt laufen Sie weiter bis nach **Sagro** (auf 600 m Höhe), wo ein dichter Wald die Landschaft bedeckt. Danach gelangen Sie zur SS 89 bei km 22,2.

Von Mattinata zum Monte Sacro

Hauptziel dieser Wanderung sind die Ruinen der **Abtei SS. Trinità** kurz vor dem Gipfel des **Monte Sacro**. In einem Eichenwald errichteten Benediktiner hier 1138 eine der mächtigsten Klosteranlagen in ganz Apulien. Von Mattinata aus fahren Sie auf der SS 89 Richtung Vieste. In Höhe von km 142 biegen Sie links ab und folgen der Beschilderung Monte Sacro. Folgen Sie der kleinen Straße ungefähr 5,5 km bis zu einer Kreuzung. Hier biegen Sie wieder links ab und gelangen nach etwa 600 m zum Ausgangspunkt des Wegs – mit Beschilderungstafel und Haltemöglichkeit. Am Anfang wandert man auf einem alten Maultierpfad nach Norden und Nordosten. Nach etwa 600 m führt der Weg gen Osten steil weiter, an den Hängen des Monte Sacro entlang mitten durch einen Wald aus Steineichen. Hier sollte man auf Vögel wie Eichelhäher oder Spuren von Wildschweinen und Füchsen achten. Danach dauert es nicht mehr lang, bis die faszinierenden Ruinen der Abtei erreicht sind.

874 m über dem Meer erheben sich auf dem Monte Sacro nördlich von Mattinata (▶ S. 42) die Ruinen der einstmals mächtigen Benediktinerabtei Santissima Trinità.

Im Land Friedrich II. – Über Felder und Weiden oder hinab in die Karstschluchten

CHARAKTERISTIK: Ausflüge in den Nationalpark Alta Murgia: zu Fuß um das Castel del Monte und mit dem Auto zum Pulicchio di Gravina **DAUER:** 4 Std. und Tagesausflug **LÄNGE:** 10 und 50 km **EINKEHRTIPPS:** Masseria Torre di Nebbia, Corato, Tel. 48/5 26 63 48, www.masseriatorredinebbia.it €€€ • Agriturismo Tenuta Il Pedale, Via Tratturrello Pedale 28, Corato, Tel. 0 80/8 98 09 48, www. tenutapedale.it €€ **AUSKUNFT:** Parco Nazionale dell'Alta Murgia, Via Firenze 10, Gravina in Puglia, www.parcoaltamurgia.it
KARTE ▶ S. 113, E/F 6–8

Eine faszinierende Landschaft erleben Sie in der Region Murgia: Das Kalkgestein stößt an dieser Stelle fast überall durch die dünne Schicht der Erde und bildet ein karstiges, teilweise geradezu wüstenartiges

Unzählige Trockensteinmauern durchziehen die ländliche Murgia (▶ S. 86).

Panorama, das mit sanften Hügeln durchsetzt ist. Nur mit sehr viel Mühe konnten die Bauern in den vergangenen Jahrhunderten dieses karge Gelände voller Steine und Gestrüpp in Ackerland verwandeln. Noch heute gedeihen hier Rebstöcke neben Mandel- und Olivenbäumen. Der **Parco Nazionale dell'Alta Murgia** ist der erste Parco Rurale Italiens, der sich vorgenommen hat, nicht nur das Ökosystem, sondern auch die historischen und wirtschaftlichen Bedingungen dieser Gegend zu bewahren, denn die heutige Landschaft der Murgia ist vor allem auch das Ergebnis der jahrhundertelangen Arbeit der Bauern.

Um das Castel del Monte
Auf dieser Wanderung behalten Sie das achteckige **Castel del Monte** immer im Blick. Von Andria kommend fahren Sie in Richtung des Kastells. Nachdem Sie es passiert haben, gelangen Sie zu einer Kreuzung nach Minervino und biegen rechts ab. Nach 4 km erreichen Sie eine Kreuzung mit einer Nebenstraße und fahren weiter Richtung Montegrosso. Nach 1,5 km stoßen Sie in einer leichten Kurve zur Linken auf einen unbefestigten Weg, der die Straße kreuzt: Hier können Sie Ihr Auto parken.
In der unmittelbaren Nähe erkennen Sie zwei Pfade bei der Aufforstung mit Nadelhölzern. Nehmen Sie den

Dienstpfad der apulischen Wasserwirtschaft (»Acquedotto«) Richtung Nordwesten. Nach ungefähr 3 km gelangen Sie zum **Jazzo Posta Sei Carri**: Ein »jazzo« ist das typisch apulische Schafgehege aus niedrigen Mauern – ein Stall unter freiem Himmel. Von hier wandern Sie weiter am Rand der kleinen Eichenwälder entlang bis zur Casa Cantoniera der Wasserwirtschaft.

Dort überqueren Sie die kleine Senke und gehen weiter nach Süden auf das Castel del Monte zu. Über die Weiden und danach auf einer Allee, welche die Aufforstung um das Kastell quert, geht es anschließend Richtung Nordwesten talabwärts am Rand eines von einer Trockensteinmauer begrenzten Eichenwaldes entlang. Folgen Sie der Mauer nach links, erreichen Sie einen Weg, der später asphaltiert ist; anschließend weiter bis zu einer T-Kreuzung. Hier biegen Sie rechts auf einen nicht asphaltierten Pfad ab, der Sie an einigen Villen, einer Weide und der Aufforstung mit Nadelwald vorbei wieder direkt zum Ausgangspunkt zurückführt.

Einen schönen »jazzo« findet man auch in der **Masseria Torre di Nebbia**, die vor zwei Jahrhunderten für die Schafzucht gebaut wurde. Der »jazzo« liegt gleich neben der flachen, von Mandelbäumen umgebenen Masseria. Er wurde perfekt restauriert, genauso wie der »paralupo« (ein steinerner Schutz gegen Wölfe). Wenn Sie mehr über die Traditionen in der Murgia erfahren möchten, besuchen Sie im nahen Corato das **Museo della Città e del Territorio**, wo man unter anderem eine interessante Abteilung mit traditionellen, von den Bauern und Hirten verwendeten Utensilien besichtigen kann.

Zum Pullicchio von Gravina

Der Parco Nazionale dell'Alta Murgia organisiert verschiedene Tagesausflüge in die Gegend. Eine interessante Tagestour hat den Besuch des Karstbeckens **Pulicchio di Gravina** zum Ziel. Die Stadt Gravina di Puglia erhebt sich über einer beeindruckenden Schlucht, von der sie ihren Namen erhalten hat. Nicht verpassen sollten Sie den Blick auf den mittelalterlichen Stadtkern, der bis an den Rand der Schlucht reicht!

Von Gravina fährt man auf der Provinzstraße SP 137 bis zur Ortschaft **Murgia Parisi Vecchio**, einer noch unberührten Gegend. Von hier aus geht es weiter auf der Provinzstraße SP 238 Richtung Pulicchio di Gravina. Wenn man an der Kreuzung mit der Provinzstraße SP 35 rechts abbiegt und der SP 35 weiter folgt, erreicht man den schönen Karstsee **Laghetto di San Giuseppe**. Wieder zurück an der Kreuzung fahren Sie nach rechts, weiter auf der Straße SP 238, zum Pulicchio di Gravina.

Dieses ellipsenförmige Karstbecken hat an seiner breitesten Stelle einen Durchmesser von 500 m und ist 70 m tief: Seit den 50er-Jahren wurde es mit Nadelhölzern aufgeforstet. Am Nachmittag bietet sich eine Wanderung auf der **Murgia Ferrata** an: Zur Mittagspause können Sie auf dem Wanderweg ein Picknick im Wald, im Bosco di Scoparella, machen. Hier liegt das Reich der Sommereichen, und man kann auf Dachse, Schildkröten und Geckos treffen.

INFORMATIONEN

Museo della Città e del Territorio
Corato, Via Trilussa • April–Okt. Di–So 10–12, 18–21, Nov.–März Di–So 10–12, 17–20 Uhr

Von Torre Guaceto ⑩ nach Massafra – Unberührte Natur, neue Entdeckungen

CHARAKTERISTIK: Autotour auf der Suche nach Naturoasen, Höhlenkirchen und alter Handwerkskunst **DAUER:** 3 Tage **LÄNGE:** ca. 125 km **EINKEHRTIPPS:** Falsopepe, Via II S.S. Medici 42, Massafra, Tel. 0 99/8 80 46 87, www.falsopepe.it €€€ • Masseria Tenuta Deserto, Carovigno/San Vito dei Normanni, Tel. 08 31/98 65 45, www.tenutadeserto.it €€
KARTE ▶ S. 116/117, B–E 14/15

Bis Mitte der 50er-Jahre waren die Felsensiedlungen in Apulien und in der benachbarten Basilikata noch bewohnt. Heute sind sie Museen unter freiem Himmel. In den unzähligen Grotten der Karstschluchten sind auch viele Höhlenkirchen mit wunderbaren Fresken zu besichtigen – in ganz Apulien mehr als 500! Auch für den Erhalt der Natur hat man sich in dieser Gegend eingesetzt: An der Adriaküste entstand im Jahr 2000 das Naturschutzgebiet Torre Guaceto.

Cisternino ▶ Torre Guaceto

Die Tour beginnt in **Cisternino** im Itria-Tal. Bögen und Nischen an jeder Ecke verleihen der kleinen Stadt eine fast orientalische Atmosphäre. Nach Sonnenuntergang erscheinen überall in den Gassen Tische mit rot-weiß karierten Decken: Hinter jeder Tür verbirgt sich anscheinend eine Trattoria! Brechen Sie bereits früh am Morgen auf und nehmen Sie die SP 9, SP 7 und SS 379 zum Naturschutzgebiet und Marinereservat von **Torre Guaceto**, das zu den Gemeinden Carovigno und Brindisi gehört. Die Strecke dauert knapp eine Stunde und beträgt ungefähr 40 km. Das vom WWF verwaltete Naturschutzgebiet ist nach einem Wachturm aus der Mitte des 15. Jh. benannt. Der systematische Ausbau der **Wachtürme** an der Küste – alle

3 km voneinander entfernt – wurde aber erst im 16. Jh. unter Karl V. eingeleitet: Bei drohender Gefahr wurden auf den Plattformen Signalfeuer entfacht. Das Naturschutzgebiet erstreckt sich auf über 1100 ha, davon werden 864 ha heute noch landwirtschaftlich genutzt. Neben den uralten Olivenbäumen wird hier auch Gemüse biologisch angebaut.

Bei geführten **Trekking-** oder **Fahrradtouren** können Sie die verschiedenen Landschaftstypen des Gebietes erkunden: den noch unberührten Küstenstreifen, hohe Sanddünen, eine dichte Mittelmeer-Macchia und einen morastigen Süßwassersumpf mit Röhricht. Freuen Sie sich auf eine vielfältige Land- und Meeresfauna, unter anderem auch auf die vom Aussterben bedrohte Unechte Karettschildkröte (Caretta Caretta) und den seltenen Mariskensänger!

Das Reservat können Sie aber auch mit Flossen und Maske entdecken, beim Schnorcheln im kristallklaren und sauberen Wasser. Wenn Sie tiefer hinabtauchen, stoßen Sie auf Seegraswiesen mit Neptungräsern und bunten Gorgonien. Im Sommer wird eine zusätzliche Tour mit einem elektrischen Zug angeboten, der Sie bei Sonnenuntergang vom Strand Punta Penna Grossa zum Vorsprung des Wachturms bringt.

San Vito dei Normanni ▶ Grottaglie

In Torre Guaceto verbringt man den ganzen Tag und kann sich am Abend in der von Olivenhainen und Wäldern umgebenen **Masseria Tenuta Deserto** im knapp 10 km entfernten **San Vito dei Normanni** entspannen (SP 36 bis San Vito dei Normanni, dann auf die SP 30/SS 581, 3 km weiter rechts abbiegen, nach 350 m die zweite Kreuzung links, schließlich dem Straßenverlauf 1,2 km folgen).

In San Vito dei Normanni lohnt sich auch ein Besuch der **Krypta San Biagio** mit ihrem wunderbaren Freskenzyklus aus dem Jahr 1196. Die Maler ließen sich nicht von den vier kanonischen Evangelien inspirieren – und so führt Johannes der Täufer Maria und Joseph bei der Flucht nach Ägypten. Zur apulischen Höhlenkultur trugen wahrscheinlich auch griechische Mönche bei, die wegen des byzantinischen Bilderstreits hierher flohen und in den Felsensiedlungen ihre Kirchen erbauten. Inzwischen vermuten Experten, dass außerdem verschiedene Malschulen dabei eine Rolle spielten. Eine besondere Form der Kunst finden Sie in **Grottaglie**, der apulischen Hauptstadt der Kunstkeramik, die Sie nach ungefähr 35 km über die SP 30/SS 581, SP 28 und die SS 7 erreichen. Das ganze Stadtviertel Li cammen're besteht fast nur aus Töpfereien und Geschäften für Keramikprodukte. Tonwaren werden hier noch handwerklich hergestellt – unter anderem auch die typischen »capasoni«, große Amphoren zur Aufbewahrung von Öl und Wein. Im **Museo della Ceramica** kann man dank Hunderter ausgestellter Keramikobjekte die Geschichte der hiesigen Töpferkunst ergründen.

Grottaglie ▶ Massafra

Am darauffolgenden Morgen geht es weiter auf der SS 7 in nordwestlicher Richtung nach **Massafra**. Die Stadt entstand an beiden Rändern der spektakulären **Gravina San Marco**, welche sie in zwei Teile schneidet. Verbunden werden Altstadt und jüngere Viertel durch eine Brücke mit fantastischem Ausblick auf die Schlucht. Zu bewundern sind hier auch **Höhlenkirchen**. In der zerklüfteten Landschaft liegen verstreut Grottenkapellen – die besondere Beschaffenheit der Felswände aus weichem Tuffstein, der leicht zu bearbeiten ist, machte es möglich.

Ausgesprochen beeindruckend ist die Lage der Wallfahrtskirche **Madonna della Scala**: Über eine Freitreppe mit 125 Stufen steigt man hinunter in die gleichnamige Schlucht. Daneben befindet sich die **Krypta Buona Nuova** mit einem Fresko der Madonna mit Kind. Ebenfalls in der Nähe erreichen Sie in einer Felsensiedlung die »**Apotheke**« **des Magiers Greguro**: Vermutlich bewahrten die Mönche in früherer Zeit ihre Heilkräuter in den kleinen Nischen der Höhlen auf.

INFORMATIONEN

Cripta di San Biagio

Jannuzzo, Strada Provinciale 38 • Tel. 08 31/95 52 12 oder 08 31/98 23 77

Museo della Ceramica

Grottaglie, Largo Maria Immacolata • tgl. 10–13, 17.30–21 Uhr • www.museogrottaglie.it • Eintritt frei

Riserva di Torre Guaceto

Carovigno, Via Sant'Anna 6 • Tel. 08 31/99 08 82 • www.riservaditorreguaceto.it

Von der Adria ans Ionische Meer – Griechischer Flair im Salento

CHARAKTERISTIK: Entdeckungstour von Küste zu Küste – griechische Sprachinseln und Stilformen vom Barock bis zur Moderne **DAUER:** 3 Tage **LÄNGE:** ca. 80 km **EINKEHRTIPPS:** Ristorante Art Nouveau, Via Puccini 6, Santa Maria al Bagno, Tel. 08 33/57 36 71 €€€ • Trattoria Olo Kalò, Via Umberto 15, Corigliano d'Otranto, Tel. 08 36/47 10 04, www.ristoranteolokalo.com €€ • Vecchia Casa Montinari, Via Montinari 73, Calimera, Tel. 08 32/87 23 11, www.vecchiacasamontinari.it € **AUSKUNFT:** Unione dei Comuni della Grecìa Salentina, Piazza del Sole, Calimera, Tel.  08 32/82 18 27, www.greciasalentina.org • Parco Naturale Regionale di Porto Salvaggio e Palude del Capitano, www.portoselvaggio.net **KARTE ▶ S. 118/119, C–F 18/19**

Laghi Alimini ▶ Calimera

Kilometerlange Sandstrände erwarten Sie an den Laghi Alimini, die knapp 10 km nördlich von Otranto liegen. Das Wasser des größeren Sees, **Alimini Grande**, ist salzig, da es sich eigentlich um eine Lagune handelt, die mit dem Meer verbunden ist. Der kleinere und südlicher gelegene See, **Alimini Piccolo**, wird dagegen mit Süßwasser karstigen Ursprungs versorgt. Die Strände sind durch hohe Dünen vor den warmen Winden des Ionischen Meeres geschützt, jedoch nicht vor den kühlen Winden aus dem Balkan. Deswegen genießt man hier auch an den heißesten Sommertagen immer ein angenehmes Klima. Obwohl das Gebiet zum 1000 ha großen **Parco Naturale dei Laghi Alimini** gehört, finden Sie am Lungomare mit allem Komfort ausgestattete Strandbäder. Wenn Sie gerne windsurfen, ist dies genau der richtige Ort für Sie, da hier immer die notwendige Brise weht.

Gegen Abend fahren Sie über die SS 611 und die SP 147 über Martano ins Herz der **Grecìa Salentina**: Das alte Magna Graecia findet man in Apulien nicht nur in den Museen, es ist in einer kulturellen und linguistischen Insel, bestehend aus elf Gemeinden (Calimera, Carpiniano Salentino, Castrignano dei Greci, Corigliano d'Otranto, Cutrofiano, Martano, Martignano, Melpignano, Soleto, Sternatia und Zollino), noch lebendig. In neun Dörfern wird auch heute das alte Griko gesprochen, das in der Grundschule gelehrt und durch antike Litaneien, Liebeslieder und Gedichte weitergegeben wird. Übernachten Sie in **Calimera**.

Calimera ▶ Nardò

Am nächsten Morgen geht es über Martignano und Sternatia auf die SS 664, SS 101 und SS 174 ungefähr 40 km weiter in Richtung ionische Küste nach **Nardò**. Die Stadt gilt nach Lecce als das zweite Zentrum des apulischen Barocks, und in der Tat kommen Barockbegeisterte bei dem großartigen Angebot, das das alte römische Neretum zu bieten hat, aus dem Staunen nicht heraus: Den Höhepunkt bildet die zentrale Piazza Salandra mit der überladenen, 19 m hohen Immacolata-Säule und dem Palast der Pretura. In der Nähe steht auch die Kirche San Domenico mit ihrer prunkvollen Barockfassade aus

Blumen und Karyatiden. Nardò liegt nur wenige Kilometer von der Küste des Ionischen Meeres entfernt.

Nardò ▶ Santa Maria al Bagno

Auf halbem Weg zwischen Nardò und den nahen Badeorten Santa Maria al Bagno und Santa Caterina befindet sich der Ortsteil **Cenate**, den Sie unbedingt besuchen sollten (der SP 17 ca. 3,5 km bis zur Via S. Caterina folgen, auf diese abbiegen, Cenate folgt nach ca. 2 km). Hier häufen sich Villen in den bizarrsten und verschiedensten Bauweisen – eine Konzentration an Baustilen, die jede architektonische Fantasie übersteigt. Die Gebäude im Kolonial- oder Renaissancestil, Jugendstil oder orientalisch anmutender Bauweise stammen aus der Zeit zwischen der Mitte des 18. bis zum Anfang des 20. Jh. Sie bilden einen schreienden Kontrast zu dem in der Gegend vorherrschenden Barock und sind der historische Beweis für eine besondere Aufgeschlossenheit gegenüber neuen exotischen Kulturen.

Santa Maria al Bagno präsentiert sich als bezaubernder kleiner Badeort mit türkisblauem Wasser und einem einladenden kleinen, beiderseits von Felsen umgebenen Sandstrand in einer Bucht. Parken Sie das Auto an der Hauptstraße, steigen Sie die Treppen hinunter und schon sind Sie in bester Badelaune! An der oben gelegenen Promenade blicken Läden, Restaurants und Bars auf die wunderschöne Bucht. Wenn es heiß ist, findet man im Schatten der Paläste angenehme Kühle bei einem leckeren Eis. Vom schönen Lungomare aus kann man bei klarem Wetter das südlich gelegene Gallipoli erkennen. Krönen Sie Ihren Tag hier bei einem Abendessen mit den typischen »cozze«!

Santa Maria al Bagno ▶ Porto Selvaggio

Am nächsten Morgen geht es auf der Via Emanuele Filiberto, Via Pietro Micca und der Via Santa Caterina ein paar Kilometer Richtung Norden. Linker Hand an der Küste liegt das

Santa Maria al Bagno (▶ S. 91): beliebter Badeort im Golf von Tarent.

Kleinod der Region Terra d'Arneo: der **Regionalpark Porto Selvaggio**. Der Abstieg zur Bucht mitten durch die typisch mediterrane Landschaft mit Macchia ist anspruchsvoll und dauert ungefähr 20 Min. Belohnt wird man für die Anstrengung mit einem fantastisch blauen Meer und einem unvergesslichen Tag in der Natur. Bei Sonnenuntergang bieten die vielen Wachtürme an der Küste von Santa Maria al Bagno bis zum Torre Lapillo, nördlich vom Badeort Porto Cesareo gelegen, malerische Postkartenmotive.

Cagnagno Varano – dieser schmackhafte
Käse, genannt Caciocavallo Podolico,
wird aus der Milch der autochthonen
Rinderrasse Podolica hergestellt.

Wissenswertes
über Apulien

Nützliche Informationen für einen gelungenen
Aufenthalt: Fakten über Land, Leute und Geschichte
sowie Reisepraktisches von A bis Z.

Auf einen Blick

Mehr erfahren über Apulien – Informationen über Land und Leute, von Bevölkerung über Politik und Sprache bis Wirtschaft.

AMTSSPRACHE: Italienisch
EINWOHNER: 4,1 Mio.
FLÄCHE: 19 358 qkm
GRÖSSTE STADT: Bari (365 000 Einwohner)
HÖCHSTER BERG: Monte Cornacchia, 1152 m
INTERNET: www.regione.puglia.it
RELIGION: römisch-katholisch (90 %)
WÄHRUNG: Euro

Bevölkerung

Apulien, italienisch »La Puglia«, ist eine der italienischen Regionen mit dem größten Anteil an Auswanderern: Hunderttausende emigrierten zwischen den beiden Weltkriegen nach Amerika und Nordeuropa – heute leben noch knapp 320 000 Apulier im Ausland. Mehr als 1 Mio. Menschen verließen die Region in den 50er- und 60er-Jahren Richtung Norditalien. In Apulien leben heute 4,1 Mio. Menschen, davon sind 96 000 Ausländer, die meisten aus Albanien und Rumänien.

Lage und Geografie

Wer entlang der Adria nach Apulien fährt, trifft zuerst auf die gebirgige Halbinsel des Gargano und den Archipel der Isole Tremiti. Südlich davon – zwischen der Adria und dem Daunischen Apennin – erstreckt sich die fruchtbare Ebene des Tavoliere. Landeinwärts dominiert das Hügelland der Murgia. Im Süden senkt

◄ Fischer beim Säubern von Miesmuscheln im Hafen von Gallipoli (▶ S. 79).

sich die Murgia in tiefen Schluchten ab und wird dann immer flacher bis zur Ebene von Taranto. Eine sanfte Hügellandschaft prägt auch den Salento, den Absatz des italienischen Stiefels. Apulien besitzt über 800 km Küste und wird von der Adria und dem Ionischen Meer umspült.

Politik und Verwaltung

2005 sorgte die Wahl von Nichi Vendola aus einem Mitte-Links-Bündnis zum Präsidenten der Region für eine große Überraschung, auch auf nationaler Ebene, denn vorher wurde die süditalienische Region immer von Mitte-Rechts-Parteien regiert. Der Chef der Partei Sinistra Ecologia Libertà (Linke, Ökologie und Freiheit) wurde 2010 in seinem Amt bestätigt. Mit seiner Regierung traten Themen wie Umwelt, Nachhaltigkeit und Gleichberechtigung in den Vordergrund. Apulien ist in sechs Provinzen (Bari, Barletta-Andria-Trani, Brindisi, Foggia, Lecce und Taranto) sowie 258 Gemeinden unterteilt.

Sprache

Wie überall auf der Halbinsel werden auch in Apulien ein paar Brocken Italienisch und die »obligatorischen« Höflichkeitsfloskeln mit großer Freude gewürdigt – danach wird man aber oft von wahren Wortkaskaden überflutet. Einige Einheimische sind der deutschen Sprache mächtig – eine Folge der Auswanderung auch in deutschsprachige Länder. In der Grecia Salentina wird noch heute die alte Sprache Griko gesprochen, die sich einst aus dem Altgriechischen mit byzantinisch-griechischen und italienischen Elementen entwickelt hat.

Wirtschaft

Die Landwirtschaft spielt in Apulien eine sehr wichtige Rolle: Bei Olivenöl, Tafeltrauben und Tomaten zählt die Region zu den Spitzenproduzenten Europas. Auf nationaler Ebene ist sie aber auch beim Fischfang führend. Darüber hinaus repräsentiert Taranto das wichtigste Produktionsgebiet von Miesmuscheln weltweit. Der Export der Lebensmittelindustrie betrug 2012 etwa 500 Mio. €.

Auch der önogastronomische Tourismus wächst, angetrieben vom Landwirtschaftsreferat und von Vereinigungen wie etwa dem Movimento Turismo del Vino Puglia (www.mtvpuglia.it). Dank einer vorausschauenden Politik des Tourismusreferats floriert die apulische Tourismusbranche: 2011 wurden 13,3 Mio. Touristen gezählt, davon 2,2 Mio. aus dem Ausland – überwiegend aus Deutschland. Auf nationaler Ebene ist Apulien die im August am meisten besuchte Region Italiens. Der Anteil des Tourismus am BIP beträgt 7,7 % – Tendenz steigend.

Die heimische Industrie befindet sich derzeit in einer Schwächephase, dem Stahlwerk ILVA in Taranto droht sogar die Schließung. Eröffnet haben sich dagegen neue Perspektiven in der Flugzeugindustrie. Ein Höhepunkt für die regionale Wirtschaft ist seit Jahren die Fiera del Levante, die größte Verbrauchermesse Süditaliens. Sie wird Anfang September mit Ausstellern aus dem ganzen Mittelmeerraum in Bari abgehalten. Im großen Messegelände finden auf 280 000 qm jährlich mehr als 30 weitere Messen statt (www.fieradellevante.it).

Geschichte

200 000 v. Chr.

Im späten Paläolithikum lebte der sogenannte Mann von Altamura.

3000 v. Chr.

Völker aus Illyrien, Epirus und dem Balkan siedeln sich in Apulien an; später werden sie als Jagyper bezeichnet und in Daunier, Peuketier und Messapier unterteilt.

1300 v. Chr.

In der Bronzezeit werden Dolmen gebaut und erste megalithische Beerdigungen durchgeführt.

1200–800 v. Chr.

An der ionischen Küste lassen sich griechische Siedler nieder, es erblüht die Magna Graecia.

700 Jh. v. Chr.

Drei Jahrhunderte lang versucht die mächtige großgriechische Stadt Taranto erfolglos, die Messapier zu unterwerfen.

275 v. Chr.

Das Römische Reich beginnt mit der Kolonisierung Apuliens.

266 v. Chr.

Brindisi wird römische Kolonie und entwickelt sich zum wichtigsten römischen Hafen für den Orient.

109 n. Chr.

Die Via Traiana wird von Benevento in Kampanien nach Brindisi gebaut.

476

Mit der Absetzung des letzten Kaisers Romulus Augustulus geht das Weströmische Reich zu Ende.

6. Jh.

Nach den Gotenkriegen wird Apulien zu einer Provinz des Byzantinischen Reiches.

570

Nach der Gründung des langobardischen Herzogtums Benevento besetzen die germanischen Langobarden einige Teile Apuliens.

9.–10. Jh.

Verschiedene Gemeinschaften, darunter Sarazenen und Slawen, besiedeln Apulien; benediktinisch-lateinische und basilianisch-griechische Klöster erleben eine Blütezeit.

975

Bari wird zum Zentrum der byzantinischen Herrschaft und bekommt einen byzantinischen Statthalter.

1043

Der Normanne Wilhelm de Hauteville nennt sich Graf von Apulien.

1071

Robert Guiscard wird Herzog von Apulien und befreit Bari und Brindisi von den Byzantinern.

1130

Roger II. vereint ganz Süditalien unter normannischer Herrschaft mit der Hauptstadt Palermo.

1198

Friedrich II. von Hohenstaufen wird zum König Siziliens gekrönt und löst damit die normannische Dynastie ab. Der Staufer, gleichzeitig Kaiser des Heiligen Römischen Reichs, regiert bis zu seinem Tod 1250.

1258

Als Thronfolger wird Manfred, der Sohn Friedrich II., zum König von Sizilien gekrönt.

1266

In Benevento tötet Karl I. von Anjou den Staufer Manfred.

1268

Der letzte Staufer Konradin wird hingerichtet, und die Dynastie der Anjous beherrscht fortan Apulien.

1442

Alfons V. von Aragon bekommt von der kinderlosen Anjou-Königin Johanna II. das Königreich Sizilien. Während der spanischen Herrschaft wird die Hauptstadt nach Neapel verlegt. Die wirtschaftliche Situation Apuliens verschlechtert sich.

1480

Sultan Mehmed II., der Eroberer von Konstantinopel, zerstört Otranto.

1707

Habsburgische Truppen erobern im Zuge des Spanischen Erbfolgekriegs Süditalien.

1738

Karl III. von Bourbon bezwingt die Habsburger und übernimmt das Königreich. Apulien erlebt eine Zeit des Friedens und der aufgeklärten Kultur.

1808

Joachim Murat wird Vizekönig von Neapel und regiert auch Apulien.

1815

Nach dem Wiener Kongress erhalten die Bourbonen Neapels Thron wieder zurück.

1860–1861

Kämpfe um die Einigung Italiens: Die Revolutionstruppen Giuseppe Garibaldis stürzen die bourbonische Dynastie, Apulien schließt sich dem savoyischen Königreich an.

1930

Die Messe Fiera del Levante wird erstmals in Bari feierlich eröffnet.

Sept. 1943–Feb. 1944

Brindisi wird vorübergehend zum Sitz der italienischen Regierung.

1946

Italien erklärt sich nach einem Volksentscheid zur Republik.

1950

Die Cassa per il Mezzogiorno (Kasse zur Förderung des Südens) wird eingeführt – und erst 1993 wieder abgeschafft.

1978

Der christdemokratische Politiker Aldo Moro aus Maglie wird von den Brigate Rosse entführt und getötet.

2004

Apulien bekommt eine sechste Provinz: Barletta-Andria-Trani.

2005

Als Kandidat einer Allianz aus Mitte-Links-Parteien wird der Kommunist Nichi Vendola zum Präsidenten der Region Apulien gewählt.

2012

Das in Taranto 1961 als Italsider gegründete Stahlwerk Ilva wird wegen seines hohen Schadstoffausstoßes per Gerichtsbeschluss zur Schließung verurteilt.

Sprachführer Italienisch

Wichtige Wörter und Ausdrücke

ja – sì [sí]

nein – no [nó]

danke – grazie [grázie]

bitte – per favore [per fawore]

gern geschehen – prego [prégo]

Wie bitte? – come? [kóme]

Ich verstehe nicht. – non capisco [non kapísko]

Entschuldigung/Entschuldigen Sie – scusa/scusi [skúsa/skúsi]

Hallo – ciao [tscháo]

Guten Morgen/Guten Tag – buon giorno [buón dschórno]

Guten Abend – buona sera [buóna séra]

Auf Wiedersehen – arrivederci [arriwedértschi]

Ich heiße … – mi chiamo … [mi kiámo]

Ich komme … – (io) vengo … – [(ío) wéngo]

– aus Deutschland. – dalla Germania. [dalla dschermánia]

– aus Österreich. – dall'Austria. [dall aústria]

– aus der Schweiz. – dalla Svizzera. [dalla swízzera]

Wie geht's? – Come va? [kóme wá]

Danke, gut. – Bene, grazie. [béne, grázie]

wer, was, welcher – chi, (che) cosa, quale [kí, (ké) kósa, kuále]

wann – quando [kuándo]

wie viel – quanto [kuánto]

wie lange – per quanto tempo [per kuánto témpo]

Sprechen Sie Deutsch/Englisch? – Parla tedesco/inglese? [Párla tedesko/inglése]

heute – oggi [ódschi]

morgen – domani [dománi]

gestern – ieri [iéri]

Zahlen

eins – uno [úno]

zwei – due [dúe]

drei – tre [tré]

vier – quattro [kuáttro]

fünf – cinque [tschínkue]

sechs – sei [séi]

sieben – sette [sétte]

acht – otto [ótto]

neun – nove [nówe]

zehn – dieci [diétschi]

einhundert – cento [tschénto]

Wochentage

Montag – lunedì [lunedí]

Dienstag – martedì [martedí]

Mittwoch – mercoledì [merkoledí]

Donnerstag – giovedì [dschiowedí]

Freitag – venerdì [wenerdí]

Samstag – sabato [sábbato]

Sonntag – domenica [doménika]

Unterwegs

rechts – destra [déstra]

links – sinistra [sinístra]

geradeaus – diritto [dirítto]

Wie weit ist es nach …? – Quanto è distante …? [kuánto é distánte]

Wie kommt man nach …? – Come si arriva a …? [kóme si arríwa a]

Wo ist … – Dove è … [dowe é]

– die nächste Werkstatt? – l'officina più vicina? [l'offitschína piú vitschína]

– der Bahnhof? – la stazione? [la stazióne]

– der Flughafen? – l'aeroporto? [l'aeropórto]

– die Touristeninformation? – l'informazione turistica? [l'informazióne turístika]

– die nächste Tankstelle? – il distributore di benzina più vicino? [il distributóre di benzína]

Bitte volltanken! – Pieno per favore!
[piéno per fawóre]

bleifrei – senza piombo/benzina
verde [sénza piómbo/benzína
wérde]

Wir hatten einen Unfall. –
Abbiamo avuto un incidente.
[abbiámo awúto ún intschidénte]

Wo finde ich … – Dove trovo …
[dówe trówo]

– einen Arzt? – un medico?
[un médiko]

– eine Apotheke? – una farmacia?
[una farmatschía]

Eine Fahrkarte nach … bitte! –
Per favore, un biglietto per …!
[per fawóre, un biliétto per]

Übernachten

Ich suche ein Hotel. – Cerco un
albergo. [tschérko un albérgo]

Ich suche ein Zimmer für …
Personen. – Cerco una camera
per … persone. [tschérko una
kámera per … persóne]

Haben Sie noch Zimmer frei … –
C'è ancora una camera libera …
[Tsche ankóra una kámera líbera]

– für eine Nacht? – per una notte?
[per una nótte]

– für zwei Tage? – per due giorni?
[per due dschiórni]

– für eine Woche? – per una
settimana? [per una settimána]

Ich habe ein Zimmer reserviert. –
Ho prenotato una camera.
[o prenotáto una kámera]

Wie viel kostet das Zimmer … –
Quanto costa la camera …
[kuánto kósta la kámera]

– mit Frühstück? – con prima colazione? [kon príma kolazióne]

– mit Halbpension? – con mezza
pensione? [kon mézza pensióne]

Ich nehme das Zimmer. –
Sì, la prendo. [sí, la préndo]

Kann ich mit Kreditkarte zahlen? –
Posso pagare con la carta di
credito? [pósso pagáre kon la
kárta di krédito]

Ich möchte mich beschweren. –
Vorrei reclamare una cosa
[worrei reklamáre uná kósa]

funktioniert nicht – non funziona
[non funzióna]

Essen und Trinken

Die Speisekarte bitte! – Il menu,
per favore! [il menú, per fawóre]

Die Rechnung bitte! – Il conto,
per favore! [Il kónto, per fawóre]

Ich hätte gern … – Vorrei …
[worréi]

Auf Ihr Wohl! – Cincin! [tschin-
tschin]

Wo finde ich die Toiletten (Damen/
Herren)? – Dove trovo il
bagno (donne/uomini)? [dowe
trowo il banjo (dónne/uómini)]

Kellner/-in – cameriere/-a
[kameriére/-a]

Frühstück – prima colazione
[príma kolazióne]

Mittagessen – pranzo [pránzo]

Abendessen – cena [tschéna]

Einkaufen

Wo gibt es …? – Dove c'è …?
[dowe tsche]

Haben Sie …? – Ha …? [À]

Wie viel kostet …? – Quanto
costa …? [kuánto kósta]

Das ist zu teuer. – Costa troppo.
[kósta tróppo]

Das gefällt mir/gefällt mir nicht.
– Questo mi piace/non mi piace.
[quésto mi piátsche/nón mi
piátsche]

Ich nehme es. – Lo prendo.
[lo préndo]

geöffnet/geschlossen – aperto/
chiuso [apérto/kiúso]

Kulinarisches Lexikon

A

acquasale – im Wasser eingeweichtes hartes Brot mit Zwiebeln, Tomaten und Olivenöl

anguilla – Aal

B

bocconotto – mit Creme oder Marmelade gefülltes Kleingebäck

braciola – Kotelett

bruschetta – Scheibe gerösteten Brots, mit Knoblauch eingerieben und Olivenöl beträufelt – oft mit gehackten Tomaten

burrata – Frischkäse vom Typ Filata, eine Art Mozzarella, aber mit dickflüssiger Buttercreme in der Käsemasse

burro – Butter

C

caciocavallo – birnenförmiger Hartkäse aus Kuhmilch

cacioricotta – Labfrischkäse aus Milch, der auf Nudeln gerieben wird

caffè – Espresso

calamari – Tintenfische

capperi – Kapern

capocollo – typischer Schweinenackenschinken aus Süditalien

carciofi – Artischocken

cavolo – Kohl

ceci – Kichererbsen

cicoria – Zichorie

cime di rapa – Rübengrün, dem Brokkoli ähnliches Gemüse

coniglio – Kaninchen

cotognata – Quittenpaste

cozze – Miesmuscheln

crema – Creme

crostata – Mürbeteigkuchen mit Obst oder Marmelade

crudo – roh

D

D.O.C. – Abkürzung für »Denominazione di Origine Controllata«, kontrollierte Herkunftsbezeichnung

D.O.P. – Abkürzung für »Denominazione di Origine Protetta«, geschützte Herkunftsbezeichnung

F

fave – Saubohnen

focaccia – Fladen aus Brotteig

formaggio – Käse

friselle – kringelförmiges hartes Brot zur langen Konservierung

frittura mista – frittierter gemischter Fisch

frutta – Obst

fusilli – korkenzieherartig gedrehte lange und kurze Nudeln

G

gambero – Krebs

gelato – Speiseeis

ghiaccio – Eis

gnocchetti – Kartoffelklößchen oder kleine muschelförmige Nudeln

granita – grob oder fein zerkleinertes Eis mit Fruchtsaft oder Kräuter- und Gewürzsirup aromatisiert

I

I.G.T. – Abkürzung für »Indicazione Geografica Tipica«, geografische Herkunftsangabe

L

lampascioni – würzige, bitter schmeckende wilde Zwiebeln

lasagne – rechteckige Nudelplatten, mit verschiedensten Füllungen übereinander geschichtet

lepre – Hase

limone – Zitrone

lumache – Schnecken

M

maccheroni – in Süditalien alle Arten von langen, meist röhrenförmigen Nudeln aus Hartweizen, glatt oder mit Rippen

maiale – Schwein

mandarino – Mandarine

manzo – Rind

marmellata – Marmelade

marasciulli – leicht bitteres Wildkraut

miele – Honig

minestra – Suppe

mostaccioli – gewürzte Hartkekse mit Mandeln und Schokolade

O

olio extravergine d'oliva – extra natives Olivenöl

olive giganti – ganz große Tafeloliven

orecchiette – ohrenförmige, kleine gewölbte runde Nudeln

P

pancotto – Brotsuppe (wortwörtlich: gekochtes Brot), in Apulien aus hartem Brot, Kartoffeln, Saubohnen und Olivenöl

pane – Brot

panna – Sahne

pasta – Nudeln

pasticciotto – mit Creme gefülltes Kleingebäck aus Lecce

patate – Kartoffeln

penne rigate – kurze, röhrenförmig gerippte Pastasorte, an den Enden schräg abgeschnitten

pepe – Pfeffer

pesce – Fisch

polipo – Krake

pomodori pelati – Dosentomaten

pomodori secchi – getrocknete Tomaten

pucce – große belegte Brötchen, gefüllt mit allen möglichen Zutaten

R

riccio – Seeigel

ricotta – salziger oder süßer Molkenkäse aus Schaf- oder Kuhmilch

riso – Reis

risotto – Reisgericht

rustico – Salzgebäck aus Blätterteig, gefüllt mit Béchamelsauce, Mozzarella und Tomaten

S

sale – Salz

salmone – Lachs

salsa – Sauce

salsiccia – Wurst

sottolio – Eingelegtes in Öl

spaghettoni – dicke Spaghetti

strascinate – eine besondere Version der orecchiette

T

tagliatelle – Bandnudeln

taralli – kleines, kringelförmiges Salzgebäck mit Anis oder wildem Fenchel

tartufo – Trüffel

tielle – Gratin-/Auflaufform

troccoli – eine Art ziemlich dicker Spaghetti

V

vacca podolica del Gargano – seltene Kuhrasse, die im Gargano stets auf der Weide gehalten wird: Milch und Fleisch schmecken außergewöhnlich

verdura – Gemüse

vino – Wein

vin santo – Dessertwein

vitello – Kalb

vongole – Venusmuscheln

Z

zucchero – Zucker

zuppa di pesce alla Gallipoli – Fischsuppe aus Gallipoli

Reisepraktisches von A–Z

ANREISE

MIT DEM AUTO

Ob über die Schweiz nach Mailand und Bologna oder von Österreich über den Brenner nach Verona und Bologna oder über Villach, Tarvisio und Udine nach Padua und Bologna, der Weg aus dem Norden nach Apulien geht immer über den Autobahnknoten Bologna. In Bologna folgt man der Küstenautobahn A 14 bis Bari bzw. Taranto. Die Strecke nach Bari-Zentrum beträgt vom Brenner 1030 km, von Chiasso (an der Grenze zwischen der Schweiz und Italien) 940 km und von Tarvisio (an der Grenze zwischen Kärnten in Österreich und Friaul in Italien) 1020 km. Die italienischen, schweizerischen und österreichischen Autobahnen sind mautpflichtig. Mit der italienischen Guthabenkarte (Prepaid-Karte) VIACARD spart man Wartezeit an den Mautstellen. Erhältlich ist sie bei den meisten Automobilclubs (auch www.adac-shop.de), an Mautstellen und Raststätten, hat kein Ablaufdatum und ist übertragbar.

In Österreich und Italien muss man eine reflektierende Warnweste mitführen, die zu tragen ist, wenn man das Fahrzeug auf Autobahnen, Landstraßen bzw. außerhalb geschlossener Ortschaften verlässt. In Italien gibt es eine Lichtpflicht auf Autobahnen und auf allen Straßen außerhalb geschlossener Orte. Die Fahrt mit dem eigenen Wagen ist ziemlich lang – vor allem im Sommer und an den Wochenenden staut es sich oft rund um Bologna: Von München bis nach Verona oder Rimini kann man das Auto auch auf die Bahn verladen (Deutsche Bahn: www.dbautozug.de).

MIT DER BAHN

Die Fahrt mit der Bahn bis nach Apulien fordert Nerven und viel Zeit. Die italienischen Intercity-Züge sind für diese langen Strecken nicht empfehlenswert. Wer sich bis zum Stiefelabsatz Italiens mit der Bahn traut, sollte für einen Schnellzug (Frecciarossa, Frecciargento oder Frecciabianca) reservieren: Vom Hauptbahnhof Mailand Centrale bis zum Hauptbahnhof Bari Centrale beträgt die Fahrt knapp 7 Std., vom Hauptbahnhof Bologna Centrale ungefähr 6 Std. und vom Hauptbahnhof Roma Termini etwa 4 Std. Wenn man die Fahrkarten online im Voraus bestellt, kann man günstige Preise bekommen (www.trenitalia.it). Die Deutsche Bahn bietet im Schlaf-, Liege- oder Sitzwagen immer wieder italienische Ziele, wie Verona oder Rom (www.bahn.de). Aus der Schweiz fährt man über Nacht von Zürich Hauptbahnhof nach Bari im Schlaf-, Liege- oder Sitzwagen (www.sbb.ch). Alle Bahnverbindungen aus dem Norden nach Apulien passieren Bologna.

MIT DEM FLUGZEUG

In den letzten Jahren haben sich die Flugverbindungen nach Apulien deutlich verbessert. Die Flughäfen von Bari und Brindisi werden mittlerweile auch direkt von ausländischen Fluggesellschaften angeflogen. AirDolomiti verkehrt täglich direkt von München nach Bari: Der Flug beträgt ca. 2 Std. (www.airdolomiti.de). Germanwings startet beispielsweise von Stuttgart oder Köln aus mehrmals in der Woche nonstop nach Bari (www.germanwings.de).

Auch auf dem Airport Brindisi landen deutsche Fluggesellschaften, wie etwa Air Berlin direkt von München und Zürich (www.airberlin.de).

Vom Flughafen fährt stündlich die Buslinie Tempesta nach Bari Hauptbahnhof. Die Fahrt dauert 30 Min. und kostet 4,15 €; die Fahrkarte kauft man beim Busfahrer.

Vom Flughafen Bari aus besteht die Möglichkeit, sein Reiseziel in Apulien, beispielsweise im Gargano, mit einem bequemen und klimatisierten Bus zu erreichen. **Pugliairbus** (http://pugliairbus.aeroportidipuglia.it) ist online zu reservieren; die Fahrkarte bezahlt man beim Busfahrer vor der Abreise. Allgemeine Informationen über die apulischen Flughäfen findet man unter www.aeroportidipuglia.it. Auf www.atmosfair.de und www.myclimate.org kann jeder Reisende durch eine Spende für Klimaschutzprojekte für die CO_2-Emissionen seines Fluges aufkommen.

AUSKUNFT

IN DEUTSCHLAND, ÖSTERREICH UND DER SCHWEIZ
Italienische Zentrale für Tourismus ENIT
– Barckhausstraße 10, 60325 Frankfurt am Main • Tel. 0 69/23 74 34 • www.enit.de
– Mariahilfer Straße 1b/Top XVI, 1060 Wien • Tel. 01/5 05 16 39 • www.enit.at
– Uraniastraße 32, 8001 Zürich • Tel. 0 43/4 66 40 40 • www.enit.ch

IN ITALIEN
PugliaPromozione
▸ Klappe hinten, d 6
Piazza Aldo Moro 33/A, Bari • Tel. 0 80/5 24 23 61 • www.viaggiareinpuglia.it, www.pugliaturismo.com

BUCHTIPPS

Katja Büllmann: Apulien (Corso, 2011) Ein wunderbares Bild der italienischen Region durch zehn Porträts – von einem Fischer über den Präsidenten der Region bis hin zu einem Pfarrer und einem Regisseur.

Peppino Colamonaco: Guida all' acquisto dei Prodotti Pugliesi d'Eccellenza (Percorsi Perigolosi, 2010) Ein exquisites und unentbehrliches Buch auf Italienisch und Englisch für alle Feinschmecker auf der Suche nach typisch apulischen Produkten.

Horst Stern: Mann aus Apulien (Rowohlt, 2005) Der Klassiker über Friedrich II., den deutsch-italienischen Staufer. Durch Privatpapiere entsteht ein faszinierendes Portrait des römisch-deutschen Kaisers.

DIPLOMATISCHE VERTRETUNGEN
Deutsches Honorarkonsulat
▸ Klappe hinten, b 5
Via Michele Garruba 125, 70122 Bari • Tel. 0 80/5 24 40 59 • www.auswaertiges-amt.de

Österreichisches Honorarkonsulat ▸ Klappe hinten, südwestl. a 5
Via Bruno Buozzi 88, 70132 Bari • Tel. 0 80/5 62 61 11 • www.bmeia.gv.at

Schweizer Konsulat
▸ Klappe hinten, e 6
Piazza Luigi di Savoia 41a, 70121 Bari • Tel. 0 80/5 24 96 97 • www.eda.admin.ch

FEIERTAGE
1. Jan. Neujahrstag (»Capodanno«)
6. Jan. Dreikönigsfest (»Epifania«)
Ostersonntag und Ostermontag (»Pasqua e Pasquetta«)
25. April Jahrestag der Befreiung (»Festa della Liberazione«)

1. Mai Tag der Arbeit
(»Festa del Lavoro«)
2. Juni Fest der Republik
(»Festa della Repubblica«)
15. Aug. Mariä Himmelfahrt
(»Ferragosto«)
1. Nov. Allerheiligen (»Ognissanti«)
8. Dez. Mariä Empfängnis
(»Immacolata Concezione«)
25. Dez. Weihnachten (»Natale«)
26. Dez. Zweiter Weihnachtsfeiertag
(»Santo Stefano«)

GELD

Die **Banken** sind Mo–Fr meistens
8.30–13.30 und 14.30–15.30 Uhr
geöffnet. Bancomat (Geldautoma-
ten) findet man fast überall. Seit
Juli 2012 sind Barzahlungen über
1000 € in Italien verboten. Die gän-
gigsten Kreditkarten sind American
Express, Visa, Eurocard (in Italien
»Carta sì«) und Diners. Sie werden
in größeren Hotels und Restaurants
akzeptiert, kleinere Lokale nehmen
oft nur Bargeld an. Im Supermarkt
kann man auch bequem mit der
EC-Karte bezahlen. Bei Zahlung mit
Kreditkarte wird die Vorlage eines
Personalausweises verlangt.

INTERNET

www.italia.it
Allgemeine Informationen, auch auf
Deutsch, über Italien.
www.viaggiareinpuglia.it
Auf der Webseite sind alle nützlichen
Informationen über Apulien zu
finden; interessant ist auch die App
Puglia Reality+.
www.pugliaevents.it
Veranstaltungen und Volksfeste in
der Region; auch auf Englisch.
www.pugliaxp.it
Touristen erzählen von ihrer Reise
nach Apulien.

www.agriturist.it
Alles Wissenswerte für den Urlaub
auf dem Bauernhof.

KASSENZETTEL

Der »scontrino fiscale« (Kassenbon)
ist in Italien obligatorisch für Bars,
Restaurants und Geschäfte, aber nicht
bei Zeitungskiosken oder Läden für
Tabakwaren. Ein Kunde ohne Beleg
wird bei einer Kontrolle der Finanz-
polizei heute nicht mehr bestraft.

MEDIZINISCHE VERSORGUNG

KRANKENVERSICHERUNG

Die Vorlage einer Europäischen
Krankenversicherungskarte (EHIC)
ist ausreichend. Als zusätzlicher
Versicherungsschutz empfiehlt sich
der Abschluss einer Auslandskran-
kenversicherung, da diese Kranken-
rücktransporte mitversichert.

KRANKENHAUS

Alle Großstädte der Region verfügen
über mindestens ein Krankenhaus.
Diese sind mit dem internationalen
Symbol eines weißen H auf blauem
Grund gekennzeichnet.

APOTHEKEN

Die Öffnungszeiten variieren, aber
in der Regel sind Apotheken täglich
von 8.30–13 und 16.30–19.30 Uhr
geöffnet. Selbstverständlich wird die
Versorgung auch nachts, rund um
die Uhr, durch »farmacie di turno«
(den Nachtdienst) gesichert.

NOTRUF

Euronotruf Tel. 1 12
(Polizei, Feuerwehr, Rettungsdienst)

ÖFFNUNGSZEITEN

Die meisten Läden öffnen morgens
zwischen 8 und 10 Uhr, die Mittags-

pause ist zwischen 13 und 16 bzw. 17 Uhr im Hochsommer, und am Abend schließen sie zwischen 19 und 21 Uhr. In den größeren Städten, wie Bari oder Lecce, haben einige zentrale Geschäfte keine Mittagspause, trotzdem lohnt es sich nicht, zwischen 14 und 16 Uhr bummeln zu gehen. Einkaufszentren und große Supermärkte sowie die Geschäfte an den touristischen Badeorten sind während der Saison auch sonntags geöffnet. Tankstellen sind zwischen 12 und 15 Uhr geschlossen. Auch die Kirchen haben zumeist zwischen 12.30 und 16.30 Uhr Ruhepause.

POST

Briefmarken erhält man in Italien in Tabakläden und in den Postfilialen (am Samstag nur bis Mittag geöffnet). Die Briefkästen sind rot und werden Mo–Fr geleert. Die Briefmarke für eine Postkarte oder einen Brief nach Deutschland, Österreich und die Schweiz kostet 0,75 €, innerhalb Italiens 0,60 €.

REISEDOKUMENTE

Deutsche, Österreicher und Schweizer können mit einem gültigen Reisepass oder Personalausweis (Identitätskarte) einreisen. Kinder brauchen ein eigenes Reisedokument.

REISEKNIGGE

Ausgehen: Die Pugliesi sind sehr freundliche, lebenslustige und hilfsbereite Menschen – und unschlagbar in Sachen Gastfreundschaft. Beim abendlichen Spaziergang vor oder nach dem Essen putzen sie sich heraus und kleiden sich (vor allem Frauen) auch sehr elegant – auf den Flaniermeilen will man sehen und gesehen werden. Wenn man zu Hau-

NEBENKOSTEN

1 Tasse Caffè/Espresso	1,00 €
1 Tasse Cappuccino	2,00 €
1 Glas Rotwein	2,00 €
1 Cola (in der Bar)	1,00–2,00 €
1 Focaccia (Stück)	1,00 €
1 Kugel Eis	1,00 €
1 Brot (ca. 500 g)	1,50 €
1 Liter Benzin	ab 1,70 €
Öffentl. Verkehrsmittel (Einzelfahrt mit dem Bus)	ab 1,00 €
Mietwagen/Tag	ab 50,00 €

se zum Abendessen eingeladen ist, wird ein nicht zu sportliches Outfit erwartet – außer, es wird explizit darauf hingewiesen. Es gehört zum guten Ton, ein »dolce« oder eine kleine Aufmerksamkeit mitzubringen.

FKK: An öffentlichen Stränden ist es untersagt, nackt zu baden. FKK-Strände sind entsprechend gekennzeichnet, wie beispielsweise in Torre Guaceto bei Brindisi.

Kleidung: Mit kurzen Hosen oder Tops mit Spaghettiträgern ist es nicht erlaubt, Kirchen zu betreten (entsprechende Warnschilder hängen an den Türen der großen Gotteshäuser). Verboten ist es auch, im Strandoutfit in Städten herumzulaufen – dementsprechend muss man mit Strafen rechnen.

Restaurant: In der Bar bestellt man nicht einen Espresso, sondern »un caffè«. Cappuccino trinken Italiener nur zum Frühstück. Wie in ganz Süditalien wird auch in Apulien relativ spät zu Abend gespeist: Die Restaurants füllen sich erst ab 21 Uhr. Der Tag endet vor allem im Sommer sehr spät. Dabei ist es normal, dass sich Kinder bis Mitternacht auf den Straßen austoben dürfen.

Rauchen: In Restaurants, Bars, Geschäften, Büros und öffentlichen Gebäuden herrscht Rauchverbot, an das sich die Italiener auch halten. Nur wenige Lokale bieten ihren Gästen separate Raucherräume.

Wertsachen: Im geparkten Auto sollten niemals Wertsachen zurückgelassen werden. Sinnvoll ist es, das Handschuhfach offen zu lassen, um nicht den Anschein zu erwecken, dass darin Wertsachen versteckt sein könnten. Beim Stadtbummel können Handtaschen oder Fotoapparat leichte Beute sein. Pass, Kreditkarten und Geld sollte man daher lieber »unsichtbar« am Körper tragen.

REISEWETTER

Von Mai bis September regnet es selten, und die Sonne scheint ungetrübt. Das heiße und trockene Klima lockt ab Mai zum Strand, das Meer hat hier bis Oktober noch Badetemperaturen! Im Herbst wird es im Inneren der Region und an den höheren Bergen des Gargano regnerisch und kühler. Schnee im Winter ist in Apulien ein sehr seltenes und auf jeden Fall vorübergehendes Phänomen. Die durchschnittliche Temperatur im Juli und August liegt bei 30 °C – aber es wird selten schwül. Die besten Monate für Kulturtouristen sind Mai, Juni, September und Oktober.

STROM

Für elektrische Geräte wird in seltenen Fällen weiterhin ein Steckeradapter benötigt.

TELEFON

VORWAHLEN

D, A, CH ▸ Italien 00 39
Italien ▸ D 00 49
Italien ▸ A 00 43
Italien ▸ CH 00 41

Öffentliche Telefonzellen sind im Land des »telefonino« (Handy) und in der Ära des Smartphones eine Rarität geworden. Trotzdem gibt es noch öffentliche Telefone, die mit »schede telefoniche« (Telefonkarten) funktionieren – erhältlich beispielsweise in den Tabakläden. Die immer niedrigeren internationalen Roaming-Gebühren ermöglichen es auch in Italien, sein eigenes Handy zu benutzen. In Italien wird immer die »0« der örtlichen Vorwahl benötigt! In den Hotels hat man kostenlose WLAN-Verbindungen – wenn nicht in jedem Zimmer, dann auf jeden Fall im gemeinsam genutzten Bereich. In großen Städten,

Mittelwerte	JAN	FEB	MÄR	APR	MAI	JUN	JUL	AUG	SEP	OKT	NOV	DEZ
Tages-temperatur	9	9	11	13	18	21	24	24	21	17	13	10
Nacht-temperatur	4	5	7	9	12	17	19	20	17	13	9	6
Sonnen-stunden	4	6	5	7	9	10	11	9	8	6	4	4
Regentage pro Monat	7	8	7	7	5	5	3	4	5	6	7	8
Wasser-temperatur	15	12	13	14	17	21	23	24	22	19	16	14

wie zum Beispiel Lecce, kann man in vielen Stadtvierteln mit Notebooks, Handys und Smartphones einen Internetzugang umsonst bekommen (www.leccecittawireless.it).

TIERE

Hunde und Katzen benötigen zur Einreise einen EU-Heimtierausweis (stellt der Tierarzt aus) mit Nachweis einer Tollwutimpfung. Das betreffende Tier muss durch einen Mikrochip identifizierbar sein.

TRINKGELD

Gewöhnlich gibt man ungefähr 10 % zum Rechnungsbetrag dazu, wenn man mit dem Service zufrieden ist. Im Restaurant wird »il conto« (die Rechnung) dementsprechend aufgerundet. Das Trinkgeld lässt man auf dem Tisch oder auf dem kleinen Tellerchen liegen, auf dem die Rechnung überreicht wird. Beim Taxifahren rundet man gewöhnlich den Fahrpreis auf.

TRINKWASSER

Leitungswasser kann bedenkenlos zum Waschen und Zähneputzen verwendet werden. Es ist hygienisch einwandfrei, aber nicht immer als Trinkwasser geeignet.

VERKEHR
AUTO

Apulien entdeckt man am besten mit dem Wagen. Sonst muss man vielleicht auf viele wundervolle Orte verzichten, die, wenn überhaupt, mit öffentlichen Verkehrsmitteln nur mit einem hohen Zeitaufwand erreichbar sind. Anschnallen ist Pflicht.

Zu beachten sind die Geschwindigkeitsvorschriften: In geschlossenen Ortschaften darf man nicht schneller als 50 km/h fahren. Auf Provinz- und Landstraßen beträgt die Höchstgeschwindigkeit 90 km/h, auf Autobahnen 130 km/h. Tempoüberschreitungen, Telefonieren während des Fahrens sowie Alkohol am Steuer werden regelmäßig geahndet und kommen teuer zu stehen.

Die Beschilderung ist vor allem im Inneren der Region verbesserungsbedürftig, aber dieser Mangel wird durch die freundliche Bereitschaft aller Pugliesi ausgeglichen, den gesuchten Weg zu beschreiben. Wenn man ohne Navi unterwegs ist, reicht es, am Straßenrand zu halten und den nächsten Passanten zu fragen, um eine freundliche und informative Antwort zu erhalten.

FAHRRAD

In Großstädten wie Bari und Lecce steht schon seit einiger Zeit ein öffentlicher Fahrradverleih zur Verfügung – meist an großen Plätzen und Bahnhöfen. Überall in der Region kann man Fahrräder mieten und an Fahrradtouren teilnehmen (Infos: www.cicloamici.it). Im Sommer sollten die heißesten Stunden zwischen Mittag und 17 Uhr bei Radausflügen gemieden werden.

FÄHRE

Um die Isole Tremiti zu erreichen, kann man die Fähre nehmen: ganzjährig von Termoli (www.traghetti lines.it) in der Nachbarregion Molise oder im Sommer von der Küste des Gargano, beispielsweise von Vieste aus (www.tirrenia.it und www.nav lib.it). Schnell und zuverlässig ist auch die tägliche Verbindung per Hubschrauber vom Flughafen Foggia Gino Lisa direkt nach Tremiti (www.alidaunia.it).

LEIHWAGEN

Die beste Lösung, um Apulien zu erkunden, wenn man mit dem Flugzeug oder mit der Bahn anreist, ist ein Mietwagen. An den Flughäfen, an größeren Bahnhöfen und in den Großstädten sowie den größeren Urlaubszentren kann man Fahrzeuge leihen (auch mit Fahrer, wie bei Vip Service Autonoleggio in Bari, www.vipservice-bari.com).

ÖFFENTLICHE VERKEHRSMITTEL

Die Bahn ist in Italien ein noch relativ preiswertes Verkehrsmittel. Die adriatische Achse bis nach Bari ist gut befahren. Von Bari gibt es nach Lecce, Taranto, Brindisi und Foggia mindestens stündlich eine Verbindung. Die regionalen Züge sind allerdings nicht zu empfehlen, denn die Klimaanlage funktioniert leider nicht immer richtig; darüber hinaus werden kleinere, aber sehr bekannte Ortschaften, wie etwa Gallipoli, kaum von der Bahn angefahren. Die Zugfahrkarten müssen in Italien an einem orangefarbenen Automaten im Bahnhof oder vor dem Gleis abgestempelt werden.

Öffentliche und private Buslinien ersetzen oft den Zug. Ein sehr gutes Verbindungsnetz bietet **Pugliairbus** (www.viaggiareinpuglia.it und www.aeroportidipuglia.it).

ZOLL

Reisende aus Deutschland und Österreich dürfen Waren abgabenfrei mit nach Hause nehmen, wenn diese für den privaten Gebrauch bestimmt sind. Gewisse Richtmengen sollten jedoch nicht überschritten werden (z.B. 800 Zigaretten, 90 l Wein, 10 kg Kaffee). Weitere Auskünfte erhalten Sie unter www.zoll.de und www.bmf.gv.at/zoll.

Reisende aus der Schweiz dürfen Waren im Wert von 300 SFr abgabenfrei mit nach Hause nehmen, wenn diese für den privaten Gebrauch bestimmt sind. Tabakwaren und Alkohol fallen nicht unter diese Wertgrenze und bleiben in gewissen Mengen abgabenfrei (z.B. 200 Zigaretten oder 2 l Wein). Weitere Infos: www.zoll.ch.

ENTFERNUNGEN (IN KM) ZWISCHEN WICHTIGEN ORTEN

	Alberobello	Bari	Barletta	Brindisi	Castel del Monte	Foggia	Gallipoli	Lecce	Taranto	Vieste
Alberobello	–	54	115	78	111	186	155	116	46	243
Bari	54	–	64	116	50	133	188	155	95	193
Barletta	115	64	–	175	11	87	250	212	145	118
Brindisi	78	116	175	–	174	250	76	38	72	306
Castel del Monte	111	50	11	174	–	82	246	207	140	142
Foggia	186	133	87	250	82	–	321	283	216	98
Gallipoli	155	188	250	76	246	321	–	40	97	382
Lecce	116	155	212	38	207	283	40	–	108	342
Taranto	46	95	145	72	140	216	97	108	–	276
Vieste	243	193	118	306	142	98	382	342	276	–

Kartenatlas
Maßstab 1:750 000

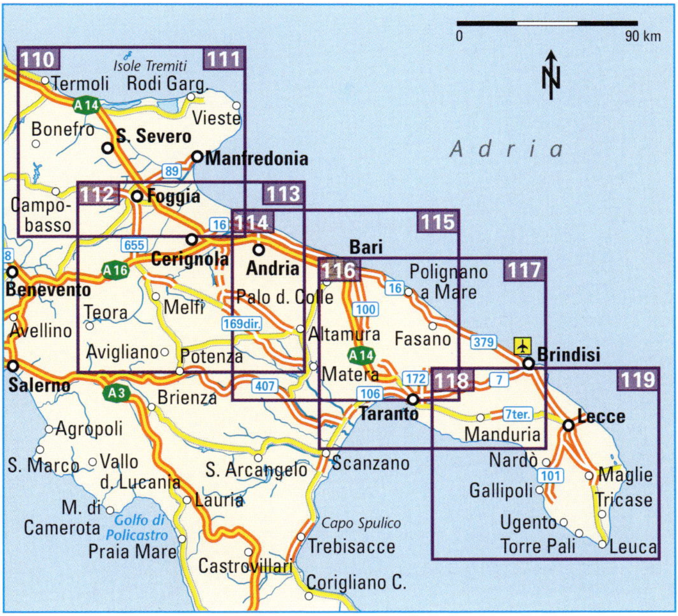

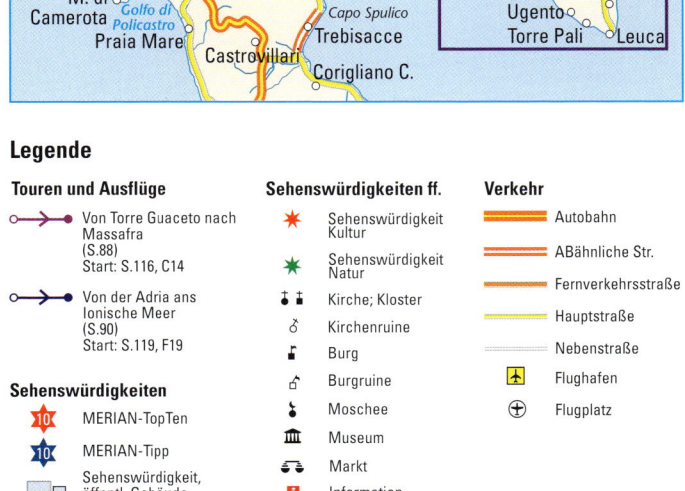

Legende

Touren und Ausflüge

○—→ Von Torre Guaceto nach Massafra (S.88) Start: S.116, C14

○—→ Von der Adria ans Ionische Meer (S.90) Start: S.119, F19

Sehenswürdigkeiten

10 MERIAN-TopTen

10 MERIAN-Tipp

▢ Sehenswürdigkeit, öffentl. Gebäude

Sehenswürdigkeiten ff.

✳ Sehenswürdigkeit Kultur

✳ Sehenswürdigkeit Natur

⛪ Kirche; Kloster

Kirchenruine

Burg

Burgruine

Moschee

🏛 Museum

⚖ Markt

ℹ Information

Verkehr

Autobahn

ABähnliche Str.

Fernverkehrsstraße

Hauptstraße

Nebenstraße

✈ Flughafen

⊕ Flugplatz

1

Ortona

Parco Nazionale
del Gargano
I. di Capra
Isole
Trèmiti
I. S. Nicola
S. Nicola di T
I. S. Dómino

Térmoli

S. Giacomo
d. Schiavoni
Campomarino

Marina di
Chiéuti

28
A14
31

ss647
53

Portocannone
Clitèrnia Nuova

Lago di Lésina

C. Caníglia di Sotto

Lésina

ss693
Mass. S.
Nazzário
San Nicandro
Gargánico

2

S. Martino
in Pénsilis

ss87

Chiéuti

Póggio
Imperiale

Serracapriola

Mass.
Chirò
23

Apricena

Dolina
Pozzatina

Ururi

T. Sapestra

Mass.
Russo

Casone
Cantalupo

Cattedrale
di Civitate

T. Candelaro

ss16

ss89

Castelpagano

Montório
nei Frentani
Rotello

C. Ruggero

Mass. la Porta

S. Páolo di Civitate

S. Ma

Montelongo

Mass. Piscicelli

Mass. Marchesa

Torremaggiore

S. Severo

S. Matteo

Rign

Torre di Magliano

T. Tona

Cast. di
Dragonara

3

S. Croce
di Magliano
S. Giuliano di Púglia

Bonefro

A14
47

T. Triolo

Mas.
Capp

Mass.
Vallevona

T. Staina

Casalnuovo
Monterotaro

Mass.
Petrulli

ss160
30

ss16

Carlantino

Casalvécchio
di Púglia

Castelnuovo

Mass.
Stilla

Castel
Fiorentino

Mass.
Schiavone

La
Motticella

Mass. Motta
Panetteria

Bigo Du

Monti

Lago di
Occhito

Colenza
Valfortore

S. Marco la Cátola

ss17

T. Triolo

La Marchesa

Pietramontecorvino

Mass. Petraiolo

Motta
Montecorvino

Carignano

T

a

v

Mass. Villano

O

Lucera

Vigns Nocelli

ss17

della Daunia

Tufara

F. Fortore

Volturara
Áppula

40

ss17

18

Foggia

4

Volturino

T. Sálsola
Tertiveri

Mass. Mezzana Grande

Borgo S. Giusto

Posta
S. Lucia

ss90

Castelvetere
in Val Fortore

ss369

Alberona

T. Vulgano

Biccari

Mass. Airill

ss546

Bgo. Segé

S. Bartolomeo
in Galdo

Roseto Valfortore
M. Comacchia

Castelluccio
Valmaggiore

B

112
Trô

Tavernazza

C

37

Foiano Di
Val Fortore

Celle Di S. Vito

T. Calome

T. lorenzo

T. Cervaro

A

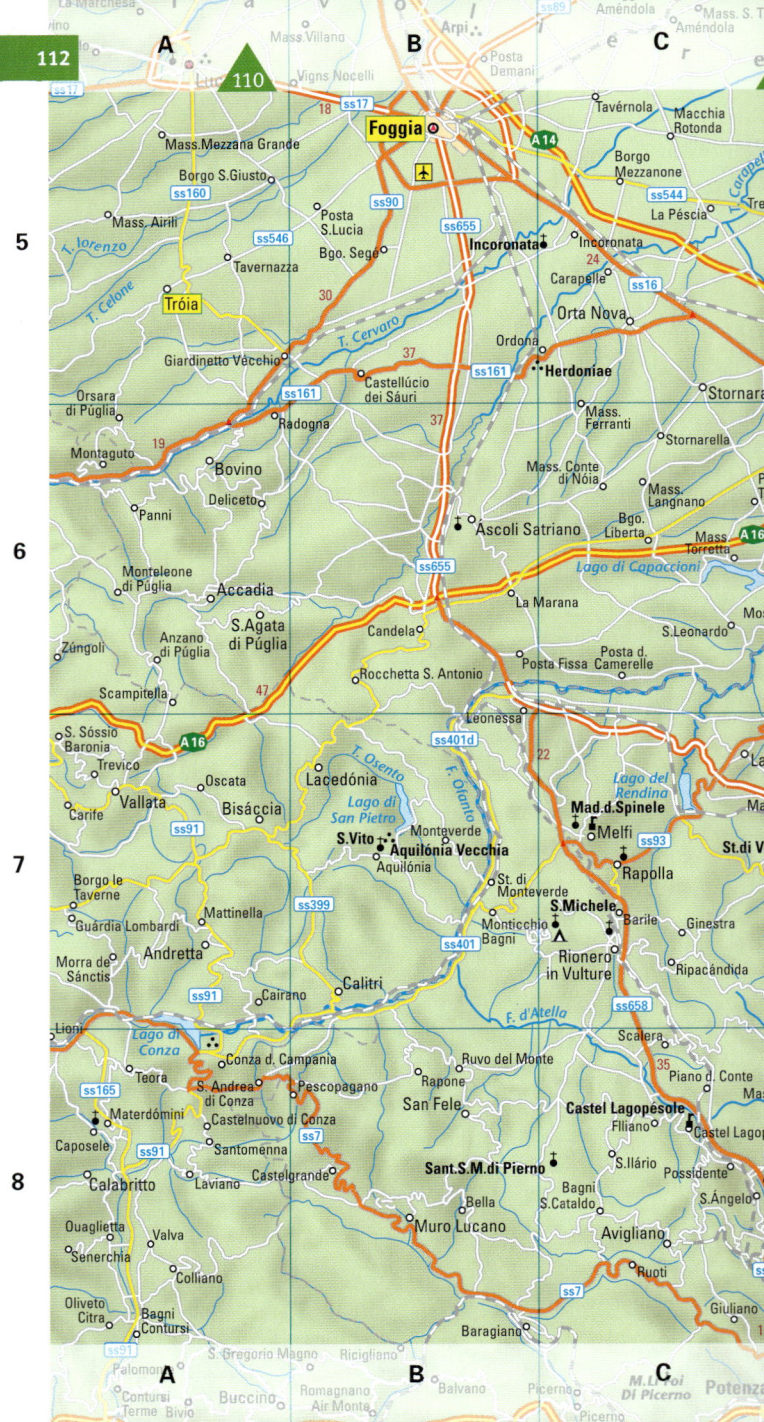

Manfredónia

Scalo dei Saraceni

Adria

Bisc

△ Zapponeta
45
te Posta
ss159
Mass.Inacquata
ss545

Riserva Naturale Salina
di Margherita di Savoia

Marana Castello
Saline

Salápia
Lupara
Mass.
Anzani
Margherita
di Savoia

Trinitápoli

49
ss545

S. Ferdinando
di Púglia
ss16

Barletta

Canne della
Battaglia

Mass.
S.Vincenzo

Trani

Abb.di
S.M.di
Colonna

C.di Monsignore

S.Maria
di Giano

A 14
Ofanto

Cerignola
ss93
39

S.M.d.Mirácoli
Andria
C.Tarricone

Dólmen
Chianca

Le Torri
Canosa
di Púglia
Pte.Romano
ss231
C.di

Mass.Tavoletta
Pavoncelli
S. Léucio
Disfida di
Barletta
ss231

Corato

Ruvo di
Púglia

ad.di Ripalta
ss. di
zo Mónaco
Locónia
S.Doménico
Mass.
Frasca

Te

ss93
Montegrosso

Samele
Marziano

Posta
Piana
Lamalunga
sn6
Castel
del Monte 4
C.Lovino
Tre.
d.Monte

a di Gáudiano
Minervino
Murge
ss234
Mass.
Sanzanelli
Mass.
Quinto
Mass.I
di Iatta

Mass.
Ariáccia
Invaso
diga
Locone
Mass.
Coleti
Piccola
114

Cant.
M

Montemilone
Mass.Rinaldi
u

téngeli
Mass.Lupara
Mass.Taverna Nuova
Mass.
Camerino

Maschito
ss655
Spinazzola
Trullo

Abb.d.Trintiá
osa
Mass.Epitáffio
Cast.di Garagnone
ss238

ss168
Palazzo S.
Gervásio
ss230
Poggiorsini
Mass.Maiorana

ss169
ss655
Mass.Tripputi
Mass.S
Nicola
Mass.Pellicciari

aschito
Mass.Cicória
Lago di
Serra del
Corvo

Banzi
Altam

Forenza
Genzano di Lucánia
M.Sérico
Gravina in Púglia
Mass.
S.Ch

S.Zaccaria
Notargiácomo
Vla.Cavallerizza
ss96

Panni
Taccone
Serra
Stella

Acerenza
Mass.
Sciaráffi
Staz.
Lisina
78
Gravina di Picciola

ss69bis
Oppido Luc.
Irsina
Serra
Stella
Capp

gio
Pietrágalla
Mad.d
la Man

ola
Cancellara
F. Brádano
ss655
Timma

Vágli.
Basilic.
ss96
Tolve
S. Chírico
Nuovo
F. Bílioso

P.Tetiera
Tricárico
ss7
114
Gradina

© MERIAN-Kartographie

0   15 km

5

6

7

8

N

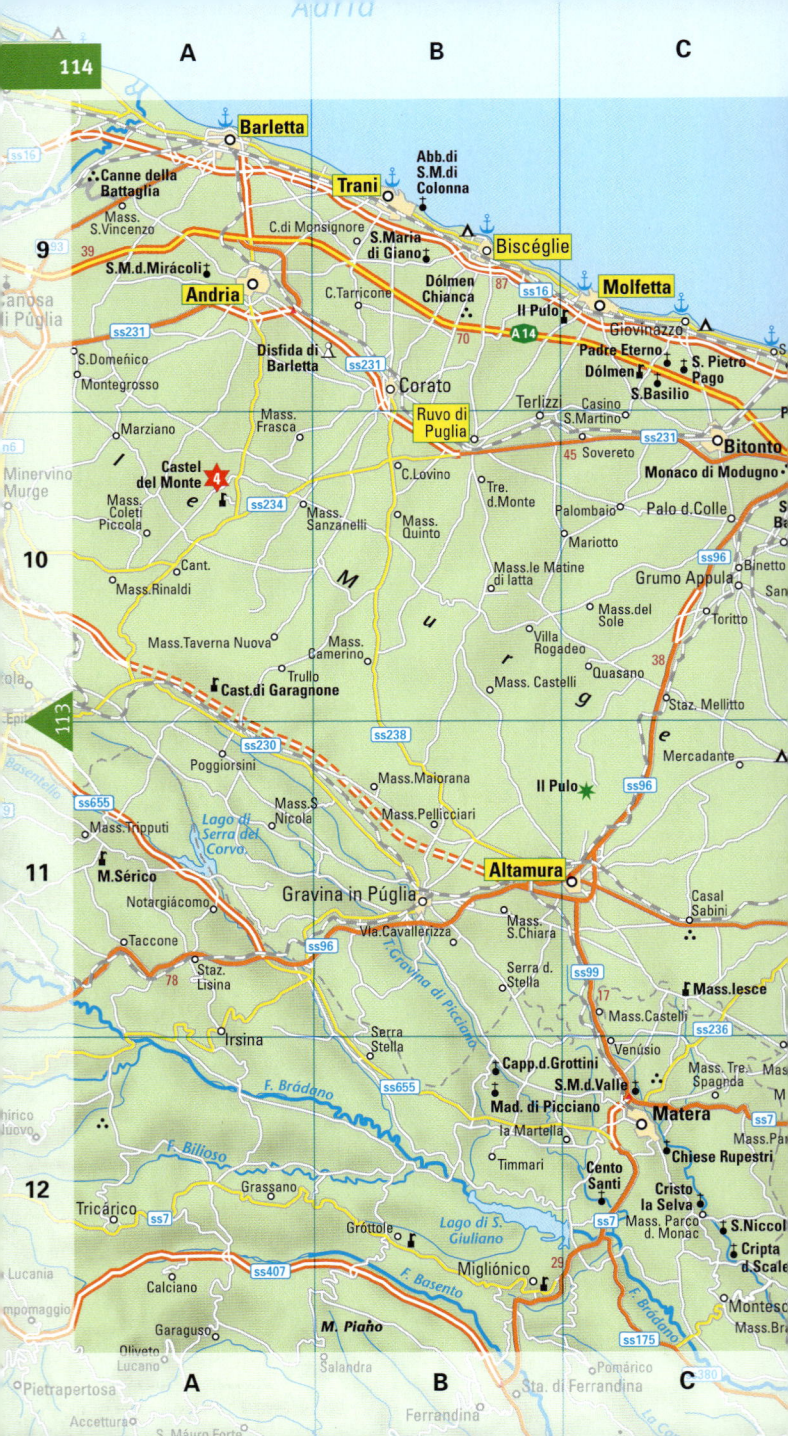

A   B   C

13

14

15

16

115

S.Giórgio
Torre a Mare
Carbonara di Bari
Triggiano
Ognissanti
Capurso
Valenzano
Noicáttaro
Cellamare
Adélfia
Rutigliano
Loseto
Casamássima
Mola di Bari
Cozze
S.Vito
ss16
Polignano a Mare 56
S.Caterina
S.Maria dell'Isola
Conversano
Monópoli
S.Stéfano
Cno. d'Erchia
Cozzana
Turi
Triggianello Vla. Ostuni
Cast. Marchione
Mass. Caracciolo
Castellana Grotte 5
Grotte di Castellana
Grotta di Putig nano
Putignano
8
Parco dei Dinosauri
Mácchia di Monte
Impalata
Mass.Conghia
Egnatia
Savelletri
Mass. Torre
S.Lorenzo
Zoo-Safari
S.Lucia
Selva
Fasano
Pezze di Greco
Speziale
Montalba
Mass.Petrosino
Vill. Apulo
Gióia del Colle
Mass. Serino
ss172
Mass.d.Chiesa
Coréggia
Laureto
S.Marco
ss172d
Locorotondo
Cister
Mad.d. Scala
Noci
Mass.Barsento
5 3
Alberobello
Valle d'Itria
Mass.Morea
Capo Di Gallo
S. Giovanni
Pascar
Mass.i Mónaci
Martina Franca
Pozzo d
Mass. Beatrice
ss100
A14
Mass.Orimini
S.Basilio
S.Francesco 28
Mass.Piccoli
Mass.Montanaro
Mass.Piovácqua
Mass.d.Porto
Mass.Tafuri
Mad.d.Carmine
Móttola 8
S. Angelo
VIII. Ipogeo di Petruscio
ss581
S.Simone
M.Trazzonara
Castellaneta
Palagianello
S.Nicola
Sant.d.Mad. d.Scala
Crispiano
Mass.S.Domenico
ss7
Palagiano
Massafra
Statte
ss172
S.M.Mutata
Montemésola
Gr
Mass.Magliati
ss580
ss106
Cse. Perrone 29
Chiatona
Lido Azzurro
ss7 16
ss172
ss7
Monteiasi
Gr
ss7
Mass
Mass. Sannelli
Castellaneta Marina
Táranto (Tarent) 7
S. Giórgio Iónico
Carosin
Riva d. Téssali
Capo S. Vito
Lido Bruno
Mon
Roccafo
Faggian
Marina di Ginosa
G o l f o d i T á r a n t o
Lido Bruno
Talsano
La Lama
Pulsano
S.Donato
Marina
Metapontum
Leporano
Lido di Metaponto

13

Adria

14

Durrës

Géos, Pátra, Súmi

15

16

caro

e Canne

Tavole Rosa
adin Marina
Villanova Marina di Ostuni
ss16 **Ostuni** Tre.S.Sabina
.Oronzo Lido Specchiolla
6 9
Mad.d.Belvedere Torre Guaceto
Carovigno Cast.Serranova 57 Riserva Statale Torre Guaceto
ss605 Tre. Testa
S. Vito dei Normanni Grotta S.Biagio
Mass.Palagogna Grotta ss16 Lago di Cillarese
S.Giovanni **Brindisi**
S.Michele Salentino Mass.Bellolugo Mass. Lo Spada Capo Bianco Capo di Tre. Cavallo
Mass.S.Giácomo
Mass Specchia Miano Mass.Albanesi Mass. Villanova
Castelluzza Tre. Mattarelle
Villa Castelli Mesagne Mass. Cerrito
lie Latiano Tuturano ss613 Tre. S. Gennaro
Francavilla Fontana Can. Regle ss7 ss605 Lindnuso
tagallo **Mad.d.Gallano** Mass.Uggio ss16 **Valésio**
Ória 65 S. Pietro Vernótico Torchiarolo
Mass.Caprarica Mass.Laurito Cellino S.Marco
S. Marzano di S. Giuseppe Torre S. Susanna **S.M.Deelalto** 38 **Ab**
ano **S.Cósimo d. Mácchia** San Dónaci
Fragagnano Mass.Schiavoni Érchie Squinzano 40 S.
35 ss7 S. Pancrazio Gampi Trepuzzi
Sava **Manduria** 50 ss7 **Salentina** Guagnano Carmiano **Nóvoli**
zano *Tarantine* **Sálice Salentino** 2
Torricella Avetrana **Leone de Castris** Váglie Arnesano
sano Mass. d.Marina ss174 Mass.Monteruga Leverano
Monacizzo Marúggio Mass.Marchioni Carmiano
Librari **Mass. Scorpura** S.Pietro In Bevagna Mass Case Arse Leverano **Copertino**
Campomarino Campo d.Messapi Tre. Chianca Mass Salmenta **S.M. di Cásole**
Porto Cesáreo Giúdice Giórgio ss101

0 15 km
© MERIAN-Kartographie
Tre. Squillac

Golfo di Táranto

Géos. Pátra, Sumi

o di Cavallo

Tre. Mattarelle
Ianova

17

Tre. S. Gennaro

indruso
Valésio
chiarolo

Casa l'Abate
Tre. Rinalda

Adria

Abb S.M. d. Cerrate

Borgo Grappa

Frigole

38

40
repuzzi

Surbo

Borgo Piave

Nóvoli

S.Cataldo

ss543

Borgo Pace

9   10   **Lecce**

Arnesano

Monteroni di Lecce

Merine
Strudá

Acáia

Vanze

ss611

San Foca
Roca Vécchia

Lequile

Cavallino

Acquárica di Lecce

S. Pietro in Lama
S. Cesário di Lecce

Lizzanello
Castri di Lecce

Dolmen Placa

Copertino

ss16

S. Donato di Lecce

Caprárica di Lecce

Melendugno

18

ss101

Calimera

Martignano

Borgagne

Frassanito

37

ss664

28

Sternatia

Martano
Zollino

Ss.Marina e Cristina

Laghi

Torre S.Stefano

Galatina

Soleto

Carpignano Salentino

Alimini

Corigliano d'Otranto

Cánnole

Sant.di Mte. Vérgine

Ótranto

Noha

Melpignano

Cursi

ss16

Centoporte

Galatone

Sogliano Cavour

Palmariggi

17

S.Nicola di Gasole

Secli

Aradeo
Cutrofiano

Máglie

Muro Leccese

S.Crose
Minervino

Giurdignano

Uggiano
la Chiesa

Capo di T. Re Cavallo

Neviano

ss459

Giuggianello

Cocúmola

Dolmen di Scusi

Grotta D. Cervi

19

Sannicola

Scorrano
Sanárica

Botrugno

Alézio

ss459

Collepasso

Poggiardo

S.Stefano

Parábita

S.M.d.Lizza

Matino

Nociglia

Ortelle

S. Cesárea Terme

ria

Casarano

Chiesa di Casahanello

Supersano

Surano

Spongano

Vignacastrisi

Diso

Grotta Zinzulusa
Grotta Romanelli
Grotta Rotundella

Taviano

Montesano Salent.

Ruffano

Andrano

ss275

Castiglíone

Marina d'Andrano

Castro Marina

ss274

Melissano

Tadrisano

Miggiano

ss173

Rácale

Mad.d.Passo
Spécchia
Lucugnano

Tricase

Tricase Porto

ss475

Alliste

S.M.d.Grotta

38

Marina Serra

Ugento

Gémini

Acquárica d. Capo

Tiggiano

Ausentum

Presicce

Alessano

Corsano

Torre S. Giovanni

S.M.d.Casale

Montesardo

Salve
Giuliano

Marina di Novaglie
Gagliano del Capo

20

Morciano di Léuca

Patú

Patú

Castrignano d. Capo

Gagliano del Capo

Marina di Pescoluse

Torre Vado
Tre. S.Gregório

Castrignano d. Capo

Grotta Treporte

Marina di Léuca

Sant.S.M.di Léuca

Capo S. Maria di Léuca

0   15 km

N

© MERIAN-Kartographie

Kartenregister

Acáia E18, 119
Accadia A6, 112
Acerenza D8, 113
Acquárica d. Capo E20, 119
Acquárica di Lecce E18, 119
Acquaviva delle Fonti D11, 115
Adélfia D10, 115
Alberobello F11, 115
Alberona A4, 110
Alessano E20, 119
Alézio D19, 119
Alliste D20, 119
Altamura C11, 114
Améndola D4, 111
Andrano E19, 119
Andretta A7, 112
Andria F6, 113
Anzano di Púglia A6, 112
Apricena C2, 110
Aquilónia B7, 112
Aradeo D19, 119
Arnesano F16, 117
Áscoli Satriano B6, 112
Avetrana E16, 117
Avigliano C8, 112
Azienda Beccarini E4, 111

Bagni Contursi A8, 112
Bagni S. Cataldo C8, 112
Bagno D2, 111
Baia d. Zágare F3, 111
Banzi D8, 113
Baragiano B8, 112
Bari D9, 115
Barile C7, 112
Barletta F5, 113
Bella B8, 112
Biccari B4, 110
Binetto C10, 114
Bisáccia A7, 112
Biscéglie B9, 114
Bitetto C10, 114
Bitonto C10, 114
Bitritto D10, 115
Bonefro A3, 110
Borgagne E18, 119

Borgo Celano D3, 111
Borgo Duanera la Rocca C4, 110
Borgo Grappa D17, 119
Borgo le Taverne A7, 112
Borgo Liberta C6, 112
Borgo Mezzanone D4, 111
Borgo Pace D18, 119
Borgo Piave D17, 119
Borgo S. Giusto C4, 110
Borgo Segé C4, 110
Botrugno E19, 119
Bovino A6, 112

Cagnano Varano D2, 111
Cairano A7, 112
Calabritto A8, 112
Calciano A12, 114
Calimera E18, 119
Calitri B7, 112
Campi Salentina F16, 117
Campo d. Messapi D16, 117
Campomarino A2, 110
Campomarino D16, 117
Cancellara D8, 113
Candela B6, 112
Cánnole E18, 119
Canosa di Púglia E6, 113
Capoiale D2, 111
Caposele A8, 112
Caprárica di Lecce E18, 119
Capurso D10, 115
Carapelle C5, 112
Carbonara di Bari D10, 115
Carife A7, 112
Carignano B4, 110
Carlantino A3, 110
Carmiano F16, 117
Carosino C16, 116
Carovigno D14, 117
Carpignano Salentino E18, 119
Casa Caníglia di Sotto C2, 110

Casa l'Abate D17, 119
Casàl Sabini C11, 114
Casalnuovo Monterotaro A3, 110
Casalvécchio di Púglia A3, 110
Casamássima D10, 115
Casarano D19, 119
Casello di Monsignore F6, 113
Casello Tarricone F6, 113
Casino S. Martino C10, 114
Casone Cantalupo A3, 110
Cassano d. Murge D11, 115
Castel Lagopésole C8, 112
Castelgrande B8, 112
Castellana Grotte E11, 115
Castellaneta D12, 115
Castellaneta Marina B16, 116
Castellúcio dei Sáuri B5, 112
Castelnuovo A3, 110
Castelnuovo di Conza A8, 112
Castelvétere in Val Fortore A4, 110
Castiglione E19, 119
Castri di Lecce E18, 119
Castrignano d. Capo E20, 119
Castrignano de Greci E18, 119
Cavallino D18, 119
Céglie Messápica D15, 117
Celenza Valfortore A4, 110
Cellamare D10, 115
Cellino S. Marco F15, 117
Cerignola D6, 113
Chiatona E12, 115
Chiéuti B2, 110
Cisternino C14, 116
Clitérnia Nuova A2, 110
Cocúmola F19, 119
Collepasso D19, 119

Colliano A8, 112
Conversano E10, 115
Conza d. Campania A8, 112
Corato F6, 113
Coréggia F11, 115
Corigliano d'Otranto E19, 119
Corsano E20, 119
Cozzana F10, 115
Cozze E10, 115
Crispiano F12, 115
Cse. Perrone A16, 116
Cursi E19, 119
Cutrofiano D19, 119

Deliceto A6, 112
Diso E19, 119

Érchie E16, 117

Faggiano C16, 116
Fasano F11, 115
Filiano C8, 112
Foggia C4, 110
Forenza D8, 113
Fragagnano D16, 117
Francavilla Fontana D15, 117
Frassanito F18, 119
Frigole E17, 119

Gagliano del Capo E20, 119
Galatina D18, 119
Galatone D19, 119
Gallípoli C19, 118
Garaguso A12, 114
Gémini D20, 119
Genzano di Lucánia D8, 113
Giardinetto Vécchio A5, 112
Ginestra C7, 112
Ginosa D12, 115
Gióia del Colle D11, 115
Giovinazzo C9, 114
Giuggianello F19, 119
Giuliano C8, 112
Giuliano E20, 119
Giurdignano F19, 119
Grassano A12, 114
Gravina in Púglia F8, 113
Grottáglie C15, 116

Gróttole B12, 114
Grumo Áppula C10, 114
Guagnano F16, 117
Guárdia Lombardi A7, 112

Impalata F11, 115
Incoronata D4, 111
Irsina E8, 113
Ischitella E2, 111

La Chiesa F19, 119
La Lama C16, 116
La Marchesa B4, 110
La Martella B12, 114
La Motticella C4, 110
La Péscia E4, 111
Lacedónia B7, 112
Lamalunga D6, 113
Laterza D12, 115
Latiano E15, 117
Laureto F11, 115
Lavello C7, 112
Laviano A8, 112
Le Grotte D3, 111
Le Torri D6, 113
Leonessa B6, 112
Leporano C16, 116
Lequile D18, 119
Lésina B2, 110
Leverano F16, 117
Librari D16, 117
Lido Azzurro E12, 115
Lido Bruno C16, 116
Lido d. Sole E2, 111
Lido di Metaponto A16, 116
Lido di Portonuovo F2, 111
Lido di Siponto E3, 111
Lido Specchiolla E14, 117
Lindnuso F15, 117
Lioni A8, 112
Lizzanello E18, 119
Lizzano C16, 116
Locónia D6, 113
Locorotondo F11, 115
Loseto D10, 115
Lucera B4, 110
Lucugnano E20, 119
Lupara E4, 111

Mácchia di Monte F11, 115

Mácchia Rotonda D4, 111
Máglie E19, 119
Mandúria D16, 117
Manfredónia E3, 111
Margherita di Savoia F4, 111
Marina d'Andrano E19, 119
Marina di Chiéuti B2, 110
Marina di Ginosa A16, 116
Marina di Mancaversa D20, 119
Marina di Novaglie E20, 119
Marina di Ostuni D14, 117
Marina di Pescoluse E20, 119
Marina di Pulsano C16, 116
Marina Serra E20, 119
Mariotto B10, 114
Martano E18, 119
Martignano E18, 119
Martina Franca F11, 115
Marúggio D16, 117
Marziano E6, 113
Maschito C7, 112
Mass. Epitáffio E7, 113
Massafra E12, 115
Matera C12, 114
Materdómini A8, 112
Matino D19, 119
Mattinata F3, 111
Mattinella A7, 112
Melendugno E18, 119
Melfi C7, 112
Melissano D19, 119
Melpignano E19, 119
Mercadante C11, 114
Merine E18, 119
Mesagne E15, 117
Miggiano E19, 119
Migliónico B12, 114
Minervino E19, 119
Minervino Murge E6, 113
Modugno D10, 115
Mola di Bari E10, 115
Molfetta C9, 114
Monacizzo D16, 117
Monópoli F10, 115

Montaguto A6, 112
Montalbano C14, 116
Monte S. Ángelo E3, 111
Montegrosso E6, 113
Monteiasi F12, 115
Monteleone di Púglia A6, 112
Montelongo A3, 110
Montemésola F12, 115
Montemilone D7, 113
Monteparano C16, 116
Monteroni di Lecee D18, 119
Montesano Salent. E19, 119
Montesardo E20, 119
Montescaglioso C12, 114
Monteverde B7, 112
Monticchio Bagni B7, 112
Montório nei Frentani A3, 110
Morciano di Léuca E20, 119
Morra de Sánctis A7, 112
Motta Montecorvino A4, 110
Móttola E12, 115
Muro Leccese E19, 119
Muro Lucano B8, 112

Nardò D18, 119
Neviano D19, 119
Noci E11, 115
Nocíglia E19, 119
Noha D19, 119
Noicáttaro D10, 115
Notargiácomo E8, 113
Nóvoli F16, 117

Oliveto Citra A8, 112
Oliveto Lucano A12, 114
Óppido Luc. D8, 113
Ordona B5, 112
Ória D15, 117
Orsara di Púglia A6, 112
Orta Nova C5, 112
Ortelle E19, 119
Oscata A7, 112
Ostuni D14, 117
Ótranto F19, 119

Palagianello E12, 115
Palagiano E12, 115
Palazzo S. Gervásio D7, 113
Palmariggi E19, 119
Palo d. Colle C10, 114
Palombáio C10, 114
Panni D8, 113
Panni A6, 112
Parábita D19, 119
Pascarosa C14, 116
Patù E20, 119
Pèschici E2, 111
Pescopagano A8, 112
Pezze di Greco C14, 116
Piano d. Conte C8, 112
Pietragalla D8, 113
Pietramontecorvino A4, 110
Poggiardo E19, 119
Póggio Imperiale C2, 110
Poggiorsini F7, 113
Polignano a Mare F10, 115
Porto Cesáreo F16, 117
Portocannone A2, 110
Possidente C8, 112
Posta Demani D4, 111
Posta di Gaudiano D6, 113
Posta Fissa B6, 112
Posta Piana D6, 113
Posta S. Lucia C4, 110
Pozzo Terraneo C6, 112
Presicce E20, 119
Pto. di Mattinata F3, 111
Pugnochiuso F2, 111
Pulsano C16, 116
Punta di S. Nicola F2, 111
Putignano E11, 115

Quaglietta A8, 112
Quasano C10, 114

Rácale D20, 119
Radogna A6, 112
Rapolla C7, 112
Rapone B8, 112
Rignano Gargánico D3, 111
Rionero in Vulture C7, 112
Ripacándida C7, 112

Ripalta B2, 110
Riva d. Téssali A16, 116
Roca Vécchia E18, 119
Roccaforzata C16, 116
Rocchetta S. Antonio B6, 112
Rodi Gargánico E2, 111
Rosa Marina D14, 117
Rotello A3, 110
Ruffano E19, 119
Ruoti C8, 112
Rutigliano E10, 115
Ruvo del Monte B8, 112
Ruvo di Puglia F6, 113

S. Andrea di Conza A8, 112
S. Bartolomeo in Galdo A4, 110
S. Basilio E12, 115
S. Cesárea Terme F19, 119
S. Cesário di Lecce D18, 119
S. Chírico Nuovo E8, 113
S. Croce di Magliano A3, 110
S. Donato di Lecce D18, 119
S. Ferdinando di Púglia D5, 113
S. Francesco E12, 115
S. Giacomo d. Schiavoni A2, 110
S. Giórgio Iónico C16, 116
S. Giovanni Rotondo D3, 111
S. Giuliano di Púglia A3, 110
S. Marco in Lamis D3, 111
S. Marco la Cátola A4, 110
S. Maria al Bagno C19, 118
S. Martino in Pénsilis A2, 110
S. Marzano di S. Giuseppe D16, 117
S. Nicola C8, 112
S. Pancrázio E16, 117
S. Páolo di Civitate B3, 110

S. Pietro in Lama D18, 119
S. Pietro Vernótico F15, 117
S. Simone F12, 115
S. Sóssio Baronia A7, 112
S. Vito dei Normanni E15, 117
S. Agata di Púglia A6, 112
S. Ángelo C8, 112
S. Cataldo E17, 119
S. Donato C16, 116
S. Giórgio C8, 112
S. Giórgio D10, 115
S. Ilário C8, 112
S. Leonardo C6, 112
S. Lucia F11, 115
S. Marco F11, 115
S. Matteo C3, 110
S. Menáio E2, 111
S. Michele Salentino D15, 117
S. Nicola di Trémiti C1, 110
S. Pietro in Bevagna E16, 117
S. Severo C3, 110
S. Spírito C9, 114
S. Stéfano F10, 115
S. Zaccaria D8, 113
Sálice Salentino F16, 117
Salve E20, 119
Samele D6, 113
San Dónaci F16, 117
San Fele B8, 112
San Foca E18, 119
San Nicandro Gargánico C2, 110
Sanárica E19, 119
Sannicandro di Bari D10, 115
Sannicola D19, 119
Santéramo in Colle C11, 114
Santomenna A8, 112
Sava D16, 117
Savelletri F11, 115
Scalera C8, 112
Scalo dei Saraceni E4, 111
Scampitella A6, 112
Scorrano E19, 119

Secli D19, 119
Selva F11, 115
Senérchia A8, 112
Serra d. Stella B11, 114
Serra Stella F8, 113
Serracapriola B2, 110
Sette Posta E4, 111
Sogliano Cavour D19, 119
Soleto D18, 119
Sovereto C10, 114
Spécchia E20, 119
Speziale C14, 116
Spinazzola E7, 113
Spongano E19, 119
Squinzano F16, 117
Statte F12, 115
Sternatia E18, 119
Stornara C5, 112
Stornarella C6, 112
Strudá E18, 119
Supersano E19, 119
Surano E19, 119
Surbo D17, 119

Taccone E8, 113
Talsano C16, 116
Táranto (Tarent) B16, 116
Taurisano E20, 119
Tavernazza C4, 110
Tavérnola D4, 111
Taviano D19, 119
Teora A8, 112
Terlizzi B10, 114
Térmoli A1, 110
Tertiveri B4, 110
Tiggiano E20, 119
Timmari B12, 114
Tolve D8, 113
Tomaiuolo E3, 111
Torchiarolo F15, 117
Toritto C10, 114
Torre a Mare E10, 115
Torre Canne C14, 116
Torre Mileto D2, 111
Torre S. Giovanni D20, 119
Torre S. Susanna E15, 117
Torre Vado E20, 119
Torre Varano D2, 111
Torremaggiore B3, 110
Torretta C16, 116
Torricella D16, 117

Trani F5, 113
Tre. Rinalda D17, 119
Tre. S. Bartolomeo C9, 114
Tre. S. Sabina D14, 117
Trepuzzi F16, 117
Tressanti E4, 111
Trevico A7, 112
Tricárico A12, 114
Tricase E20, 119
Tricase Porto E20, 119
Triggianello E10, 115
Triggiano D10, 115
Trinitápoli F4, 111
Tróia A5, 112
Trullo F7, 113
Tufara A4, 110
Tuglie D19, 119
Turi E10, 115
Tuturano F15, 117

Ugento D20, 119
Uggiano F19, 119
Ururi A2, 110

Váglie F16, 117
Váglio Basilic D8, 113
Valenzano D10, 115
Vallata A7, 112
Valva A8, 112
Vanze E18, 119
Venosa C7, 112
Venúsio C12, 114
Vgio. Moschella D6, 113
Vico del Gargano E2, 111
Vieste F2, 111
Vignacastrisi E19, 119
Vigna Nocelli C4, 110
Villa Castelli D15, 117
Villággio Améndola D4, 111
Villággio Residenziale E3, 111
Villaggio Resta C18, 118
Villaggio Umbra E2, 111
Villanova D14, 117
Vla. Ostuni F10, 115
Volturara Áppula A4, 110
Volturino A4, 110

Zapponeta E4, 111
Zollino E18, 119
Zúngoli A6, 112

Orts- und Sachregister

Wird ein Begriff mehrfach aufgeführt, verweist die **fett** gedruckte Zahl auf die Hauptnennung, eine *kursive* Zahl auf ein Foto.
Abkürzungen:
Hotel [H]
Restaurant [R]

Accademia dei Racemi [Manduria] 22
Agricola Paglione [Lucera] 22
Agriturismo Madonna Incoronata [Mattinata] 22
Agriturismo Masseria Sciaiani Piccola [H, Villa Castelli] 21
Agriturismo Masseria Sgarrazza [H, Vieste] 84
Agriturismo Pirro [H, Troia] 44
Agriturismo Tenuta Il Pedale [H, Corato] 86
Al Gatto Rosso [R, Taranto] 72
Al Trabucco [R, Vieste] 45
Alberobello [MERIAN-TopTen] 2, 62, 66
Alimini Grande 90
Alimini Piccolo 90
Altamura 54
Amphitheater [Lecce] 76
Andria 55
Anreise 102
Antica Azienda Agricola Ricucci [Rodi Garganico] 22
Antica Farmacia Provenzano [Gallipoli] 80
Apotheken 104
Archäologisches Museum [Egnazia] 67
Art Nouveau [R, Santa Maria al Bagno] 90
Auskunft 103
Auto 102, 107

B & B La Casa di Gino [Isole Tremiti] 39
B & B Palazzo Ducale [H, Andria] 56
Bacco [R, Bari] 53
Bahn 102
Baia delle Zagare 28, 42
Banken 104
Bari 5, **47**
Bari Vecchia [Bari, MERIAN-TopTen] 46, 48, **48**, 52
Barletta 57
Basilica di San Nicola [Bari] 47, **48**, 52
Bevölkerung 94

Bioagricola Marchesana [R, Gioia del Colle] 21
Biomasseria Lama di Luna [H, Andria] 21
Bisceglie 57
Borgobianco Resort & SPA [H, Polignano a Mare] 59
Brindisi 63
Brot 18
Buchtipps 103

Caffè Alvino [R, Lecce, MERIAN-Tipp] 78
Calimera 90
Camera di Commercio [Bari] 51
Canale Acquarotta 84
Castel del Monte [Andria, MERIAN-TopTen] 47, **55**, 55, 86
Castel Sant'Angelo [Taranto] **70**, 71
Castello Angioino [Gallipoli] 79
Castello Aragonese [Brindisi] 63
Castello Aragonese [Otranto] 80
Castello Carlo V [Lecce] 75
Castello di Castro 78
Castello di Copertino [Castro] 79
Castello di Manfredonia 40
Castello di Vieste 45
Castello Normanno Svevo [Bari] 48, **49**
Castello Svevo [Brindisi] **63**, 65
Castello Svevo [Trani] 61
Castro 78
Cattedrale San Sabino [Bari] 50, 50
Chiesa della Vallisa [Bari] 52
Cisternino 88
Collegiata San Martino [Martina Franca] 73
Colonna della Giustizia [Bari] 52, 52
Colonna Romana [Brindisi] 64
Concattedrale dell'Assunta [Vieste] 45

Copertino 79
Corato 87
Cripta dellla Buona Nuova [Massafra] 89
Cripta San Biagio [Jannuzzo] 89
Cutino Lama la Vita 85

Da Poldo for ever [R, Taranto] 72
Diplomatische Vertretungen 103
Dolmen della Chianca 57
Duomo [Brindisi] 64
Duomo San Cataldo [Taranto] **70**, 71

Egnazia [Fasano] 67
Einkaufen 24
Entfernungen 108
Essen und Trinken 16
Events 26

Fähre 107
Fahrrad 88, **107**
Falsopepe [R, Massafra] 88
Familientipps 32
Farmacia Sansone [Mattinata] 42
Fasano 67
Fasanolandia [Fasano] 33
Feiertage 103
Femminamorta 85
Feste 26
FKK 105
Flugzeug 102
Foggia 37
Fontana Ellenistica [Gallipoli] 79
Foresta Umbra 37, **43**
Frantoio Oleario De Carlo [Bitritto] 22

Gallipoli 79, 94
Gargano **36**, 84
Geld 104
Geografie 94
Geschichte 96
Giardino Monsignore [R, Mattinata] 42
Gipsoteca Provinciale [Bari] 51
Giudecca [Trani] 61
Gnathia 67
Golf 29
Gran Madre di Dio [Taranto] 70
Grand Hotel La Chiusa di Chietri [H, Alberobello] 67
Grande Albergo Internazionale [H, Brindisi] 65

Gravina San Marco
[Massafra] 89
Grecìa Salentina 90
Grotta Zinzulusa [Castro]
79
Grottaglie *24*, 25, **89**
Grotte di Castellana
[Castellana Grotte,
MERIAN-Tipp] 47, **57**
grüner reisen 20

Höhlenkirchen [Massafra]
89
Hotel degli Aranci
[H, Vieste] 45

I Luoghi di Pitti –
Masseria San Giovanni
[H, Altamura] 54
Il Pane e le Rose [R, Bari]
53
Internet 104
Isole Tremiti [MERIAN-
TopTen] *36*, 37, **38**, 43

Karneval 27
Karwoche *26*, 27
Käse 25, *92/93*
Kassenzettel 104
Keramik *24*, 25
Kirschen 18
Kleidung 105
Klima 106
Koloss von Barletta 57
Konsulate 103
Krankenhaus 104
Krankenversicherung 104
Kreditkarten 104
Kulinarisches Lexikon 100
Kunsthandwerk 25

La Bottega dei Fischietti
[Alberobello, MERIAN-
Tipp] 25
La Locanda dell'Abbazia
[R, Polignano a Mare] 59
La Locanda di Federico
[R, Bari] 53
La Notte della Taranta [Sa-
lento, MERIAN-Tipp] 27
Laghetto di San Giuseppe
pe 87
Laghi Alimini 90
Lago di Lesina 84
Lago di Varano 84
Lecce 5, **75**
Leihwagen 108
Leone de Castris [Salice Sa-
lentino, MERIAN-Tipp] 18
Lesina 84
Li Jalantuùmene [R, Monte
Sant'Angelo] 43
Locorotondo *16*, 68

Madonna della Madia
[Monopoli] 58
Madonna della Scala
[Massafra] 89
Madre di San Giorgio
[Locorotondo] 68
Manfredonia 40
Mar Grande [Taranto]
69, **72**
Mar Piccolo [Taranto]
69, **72**
Margherita di Savoia 30, **40**
Marta – Museo Nazionale
Archeologico [Taranto,
MERIAN-TopTen] 70
Martina Franca 72
Massafra *82/83*, 89
Masseria Cimino
[H, Fasano] 68
Masseria Lamiola Piccola
[H, Ostuni] 69
Masseria Luco [H, Martina
Franca] 15
Masseria Melcarne
[H, Surbo] 15
Masseria Sagarrazza
[H, Vieste] 84
Masseria San Domenico
[H, Fasano]15
Masseria Tenuta Deserto
[H, San Vito dei Norman-
ni] 88
Masseria Torre Coccaro
[H, Savelletri di Fasano,
MERIAN-Tipp] 13, *14*
Masseria Torre di Nebbia
[H, Corato] 86
Masseria Torre Maizza
[H, Fasano] 68
Masserie 5, *12*, 13, **14**,
32, 63
Matrice di Santa Maria
Assunta [Polignano a
Mare] 58
Mattinata 42
Medizinische Versorgung
104
Miragica [Molfetta] 33
Monopoli 58, *59*
Monte Sacro 85, *85*
Monte Sant'Angelo
[MERIAN-TopTen] 43
Monte Saraceno 42
Mottola 73
Murat-Viertel [Bari] 47,
50, 52
Murgia Ferrata 87
Murgia Parisi Vecchio 87
Museo Archeologico
Ribezzo [Brindisi] 64
Museo Civico [Foggia] 37
Museo del Confetto
[Andria] 56

Museo della Cartapesta
[Lecce] 76
Museo della Ceramica
[Grottaglie] 89
Museo della Città e del
Territorio [Corato] 87
Museo Diocesano [Bari]
51
Museo Malacologico
[Vieste] 45
Museo Nazionale Archeolo-
gico [Altamura] 54
Museo Nazionale Archeolo-
gico [Manfredonia] 40
Museo Nazionale Jatta
[Ruvo di Puglia] 60

Nardò 4, 90
Natuzzi [Santeramo in
Colle] 22
Notruf 104
Nuovo Teatro Verdi
[Brindisi] 66

Öffentliche Verkehrs-
mittel 108
Öffnungszeiten 104
Oliven 17, *19*
Orchideen [Mattinata,
MERIAN-Tipp] 42
Oriente [H, Bari] 52
Osteria Antichi Sapori
[R, Andria] 56
Osteria degli Spiriti
[R, Lecce] 77
Ostuni [MERIAN-TopTen]
66, 68
Otranto 80

Palace [H, Bari] 52
Palazzo Arpi [Foggia] 38
Palazzo Ateneo [Bari] 51
Palazzo dei Celestini
[Lecce] 76
Palazzo della Provincia
[Bari] 51
Palazzo Ducale [Martina
Franca] 73
Palazzo Granafei
[Gallipoli] 80
Pantagruele [R, Brindisi] 65
Parco dei Dinosauri
[Castellana Grotte,
MERIAN-Tipp] 33
Parco Naturale dei Laghi
Alimini 90
Parco Nazionale del
Gargano 37, **43**, 84
Parco Nazionale dell'Alta
Murgia 47, **59**, 86, *86*
Parco Regionale di Porto
Selvaggio 91
Pasta 17

Pastificio Benedetto Cavaleri [Maglie] 23
Perazzeta 84
Peschici *41*, 43
Pinacoteca De Nittis [Barletta] 57
Pinacoteca Provinciale »Corrado Giaquinto« [Bari] 51
Pizza 18
Polignano a Mare *34/35*, 58
Politik 95
Porta Rudiae [Lecce] 77
Portico dei Templari [Brindisi] 64
Porto Vecchio [Bari] 51
Post 105
President [H, Lecce] 77
Pulicchio di Gravina 87
Pulo [Altamura] 54

Rad fahren 29
Rauchen 106
Reisedokumente 105
Reiseknigge 105
Reisewetter 106
Reiten 30
Residence Hotel Torre del Porto [H, Mattinata] 42
Residence il Porto [H, Mattinata] 42
Risorgimento Resort [H, Lecce] 77
Ristorante Cielo [R, Ostuni, MERIAN-Tipp] 69
Ruvo di Puglia 59

Sagro 85
Salento **74**, 90
San Benedetto [Brindisi] 64
San Domenico Maggiore [Taranto] 70
San Domino [Isole Tremiti] 38
San Francesco [Vieste] 45
San Giovanni al Sepolcro [Brindisi] 64
San Giovanni Battista [Foggia] 38
San Giovanni Rotondo 44
San Leonardo di Siponto [Manfredonia] 40
San Michele Arcangelo [Monte Sant'Angelo] 43
San Nicola [Bari] 47, **48**, 52
San Nicola [Isole Tremiti] *36*, 38
San Nicola [Mottola, MERIAN-TopTen] *72*, 73
San Nicola Pellegrino [Trani] *60*, 61
San Rosario [Lecce] 76

San Sabino [Bari] 50, *50*
San Salvatore 84
San Vito [Ostuni] 69
San Vito dei Normanni 89
Sant'Agata [Gallipoli] *79*, **80**
Sant'Agostino [Andria] 55
Sant'Anna [Lecce] 76
Sant'Anna [Trani] 61
Sant'Antonio [Alberobello] 66
Sant'Irene [Lecce] 76
Santa Cesarea Terme 30
Santa Croce [Lecce, MERIAN-TopTen] **75**, 76
Santa Maria »De Finibus Terrae« [Santa Maria di Leuca] *75*, **81**
Santa Maria a Mare [San Nicola] 38
Santa Maria al Bagno *91*, *91*
Santa Maria Annunziata [Otranto] 80, *81*
Santa Maria Assunta [Altamura] 54
Santa Maria Assunta [Andria] 55
Santa Maria Assunta [Ostuni] 69
Santa Maria Assunta [Ruvo di Puglia] 59, **60**
Santa Maria Assunta [Troia] 44
Santa Maria del Casale [Brindisi] 64
Santa Maria dell'Assunta [Lecce] 76
Santa Maria di Leuca 81
Santa Maria di Pulsano [Monte Sant'Angelo] 43
Santa Maria Icona Vetere [Foggia] 38
Santa Maria Maggiore di Siponto [Manfredonia] 40
Santa Scolastica [Bari] 52
Santissima Trinità [Monte Sacro] 85
Santo Sepolcro [Barletta] 57
Scarpetta d'Oro [R, Mattinata] 84
Sedile dei Nobili [Bari] 52
Segeln 30
Splash [Gallipoli] 33
Sport 28
Sprache 95
Sprachführer 98
Stadio San Nicola [Bari] 51
Stickereien 25
Strände 23, **31**
Strom 106
Surfen 30

Taranto [Tarent] 5, 63, **69**
Tauchen 30
Tavoliere 36
Teatro Niccolò Piccinni [Bari] 51
Teatro Petruzzelli [Bari] 51, **53**
Teatro Piccinni [Bari] 53
Teatro Politeama Greco [Lecce] 78
Telefon 106
Terra di Bari 46
Thermen 30
Tiere 107
Tomarosso 84
Tomaten 17
Tormaresca [San Pietro Vernotico] 23, *23*
Torre Guaceto [MERIAN-TopTen] 88
Torre Scampamorte 84
Torrente Antico [R, Trani] 61
Trabucchi [Vieste, MERIAN-Tipp] *44*, 45
Trani 5, **61**
Trattoria Giordano Da Pompeo [R, Foggia] 38
Trattoria Le Antiche Sere [R, Lesina] 84
Trattoria Olo Kalò [R, Corigliano d'Otranto] 90
Trattoria Pierino l'Inglese [R, Monopoli] 58
Trinkgeld 107
Trinkwasser 107
Troia 44
Trulli *2*, 5, 6, 13, 21, 25, 63, *62*, **66**, 67
Trullo Siamese [Alberobello] 66
Trullo Sovrano [Alberobello] 66

Übernachten 12

Valle d'Itria 63, 66, 68, 72, *73*
Vecchia Casa Montinari [H, Calimera] 90
Verkehr 107
Verwaltung 95
Vieste *10/11*, **45**, 84
Villa Peripato [Taranto] 70
Vorwahlen 106

Wandern 30
Wein 18
Wertsachen 106
Wirtschaft 95

Zoll 108
Zoosafari [Fasano] 33

Liebe Leserinnen und Leser,
vielen Dank, dass Sie sich für einen Titel aus unserer Reihe MERIAN *live!* entschieden haben. Wir freuen uns, Ihre Meinung zu diesem Reiseführer zu erfahren. Bitte schreiben Sie uns an merian-live@travel-house-media.de, wenn Sie Berichtigungen und Ergänzungen haben – und natürlich auch, wenn Ihnen etwas ganz besonders gefällt.

Alle Angaben in diesem Reiseführer sind gewissenhaft geprüft. Preise, Öffnungszeiten usw. können sich aber schnell ändern. Für eventuelle Fehler übernimmt der Verlag keine Haftung.

© 2013 TRAVEL HOUSE MEDIA
   GmbH, München
MERIAN ist eine eingetragene Marke der GANSKE VERLAGSGRUPPE.

BEI INTERESSE AN DIGITALEN DATEN AUS DER MERIAN-KARTOGRAPHIE:
kartographie@travel-house-media.de

BEI INTERESSE AN MASSGESCHNEI-DERTEN MERIAN-PRODUKTEN:
Tel. 0 89/4 50 00 99 12
veronica.reisenegger@travel-house-media.de

BEI INTERESSE AN ANZEIGEN:
KV Kommunalverlag GmbH & Co KG
Tel. 0 89/9 28 09 60
info@kommunal-verlag.de

Ein Unternehmen der
GANSKE VERLAGSGRUPPE

TRAVEL HOUSE MEDIA
Postfach 86 03 66
81630 München
merian-live@travel-house-media.de
www.merian.de

1. Auflage

PROGRAMMLEITUNG
Dr. Stefan Rieß
REDAKTION
Anne-Katrin Scheiter
LEKTORAT
Ewald Tange, tangemedia, München
BILDREDAKTION
Tobias Schärtl
SCHLUSSREDAKTION
Ulla Thomsen
SATZ
Ewald Tange, tangemedia, München
REIHENGESTALTUNG
Independent Medien Design,
Elke Irnstetter, Mathias Frisch
KARTEN
Gecko-Publishing GmbH
für MERIAN-Kartographie
DRUCK UND BUCHBINDERISCHE VERARBEITUNG
Stürtz Mediendienstleistungen, Würzburg

PEFC
PEFC/04-31-1404